연세 한국어

활용연습 3-2

연세대학교 한국어학당 편

연세대학교 대학출판문화원

연세 한국어

활용연습 3-2

편저자 연세대학교 한국어학당 교재편찬위원회
집필진 한상미 · 문정 · 유연희 · 박혜란
발행 연세대학교 대학출판문화원

주소 서울시 서대문구 연세로 50
전화 02) 2123-3380~2
팩스 02) 2123-8673
e-mail : ysup@yonsei.ac.kr
http://www.yonsei.ac.kr/press
등록 1955년 10월 13일 제9-60호
인쇄 동호커뮤니케이션
삽화 디투웍스
본문 더그라프
녹음 (주)반도음반
성우 윤미나 · 전광주

2013년 3월 5일 1판 1쇄　　2020년 3월 24일 1판 9쇄
ISBN 978-89-6850-008-4(08710)
ISBN 978-89-6850-006-0(08710) (세트)

값 **15,000**원(CD포함)

일러두기

- '연세 한국어 활용연습 3'은 중급용 한국어 교재인 '연세 한국어 3'을 보다 효율적으로 학습해 나갈 수 있도록 하기 위해 개발되었다.

- '연세 한국어 활용연습 3'은 총 10과로 이루어져 있으며, 각 과는 5개의 항으로 구성되어 있다.

- 각 과의 1항부터 4항까지는 어휘, 문법 연습으로 구성되어 교재에 나온 어휘와 문법을 연습하도록 되어 있다. 5항은 한 과의 전체 내용을 총 정리하고 복습하는 내용으로 되어 있으며, 어휘와 문법 복습과 듣기 연습, 읽기 연습, 말하기 · 쓰기 연습 등으로 구성되어 있다.

- 학생들의 흥미를 끌고자 단어 찾기 게임, 단어 만들기 게임, 삼행시 짓기, 퍼즐 게임, 한국 관련 퀴즈 등 다양하고 흥미로운 내용으로 5개의 쉼터를 넣었다.

- 5과가 끝날 때마다 복습 문제와 십자말 풀이를 넣어 배운 내용에 대한 정리를 할 수 있도록 하였다.

- 학생들의 이해를 돕고자 각 연습 문제의 1번에는 답을 써 주어 보기와 같은 역할을 할 수 있도록 하였다.

- 책의 뒷부분에는 교재에 실린 듣기 연습 부분의 지문과 모범 답안을 실어 학생들이 스스로 답안을 확인하고 공부하는 데 도움이 되도록 하였다.

차례

3-1

3-2

제 6 과 모임 문화

6과 1항

어휘

1. 다음 [보기]에서 알맞은 말을 골라 빈 칸에 쓰십시오.

[보기] 결혼식 돌잔치 집들이 차례 회갑 잔치

한국에는 여러 가지 가족 행사가 있습니다. 할아버지, 할머니의 예순 번째 생신에는 앞으로 오래오래 건강하게 사시라고 ❶(회갑 잔치)~~을~~/를 합니다. 그리고 아기가 건강하게 첫 번째 생일을 맞이한 것을 축하하는 ❷(   )도 있습니다. 설날이나 추석 같은 명절에는 음식을 정성스럽게 차려 놓고 조상님들께 ❸(   )을/를 지냅니다. 이사를 하면 손님을 초대해서 ❹(   )도 합니다. 물론, 신랑, 신부가 새 가정을 이루는 ❺(   )도 중요한 가족 행사 중의 하나입니다.

2. 다음 [보기]에서 알맞은 말을 골라 빈 칸에 쓰십시오.

[보기] 빈대떡 큰어머니 안 그래도 우선 고생하다

❶ 가 : 저 동그랗고 납작한 음식은 이름이 뭐예요?
나 : (빈대떡) 이에요/~~예요~~. 한번 드셔 보세요.

❷ 가 : (   )은/는 누구를 가리키는 말이에요?
나 : 아버지 형님의 부인을 부르는 말이에요.

❸ 가 : 우리 다음 주에 이 선생님 찾아뵈러 가는데 같이 갈래?
나 : 좋아, 나도 같이 가. (   ) 선생님을 뵈러 갈까 했었거든.

❹ 가 : 상 받으신 거 축하드립니다. 지금 누가 제일 생각나십니까?
나 : 지금까지 저 때문에 (   )으신/신 어머님이 제일 생각납니다.

❺ 가 : 이삿짐센터에서 왔습니다. 뭐부터 할까요?
나 : (   ) 이 짐부터 싸 주시고요. 그 다음엔 저 가구들을 좀 옮겨 주세요.

문법

-어다가

3. 다음 그림을 보고 '-어다가'를 사용해 문장을 완성하십시오.

❶

약국에서 약을 사다가 ~~어다가/아다가/여다가~~ 친구에게 줬어요.

❷

________________ 어다가/아다가/여다가 집에서 읽어요.

❸

________________ 어다가/아다가/여다가 내 방 꽃병에 꽂아 놓았어요.

❹

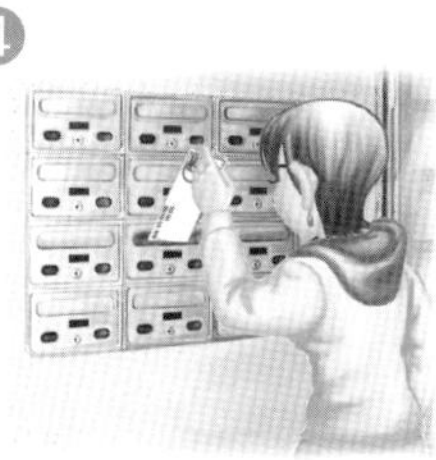

________________ 어다가/아다가/여다가 책상 위에 놓았어요.

❺

슈퍼마켓에서 ________________.

❻

________________.

4. '-어다가'를 사용해 대화를 완성하십시오.

❶ 가 : 내일 놀이 공원에 가는데 점심은 어떻게 할까요?
　나 : 김밥이나 사다가 먹읍시다.

❷ 가 : 심심한데 뭘 할까?
　나 : 만화책이나 ....

❸ 가 : 지난번에 빌려 드린 책 내일 돌려주실 수 있어요?
　나 : 그럼요. 내일 ....

❹ 가 : 엄마, 지난번에 세탁소에 맡긴 옷 찾아오셨어요? 내일 꼭 입어야 하는데요.
　나 : 알았어. 이따가 ....

❺ 가 : 승연 씨, 죄송하지만 커피 좀 .... ?
　나 : 네. 안 그래도 저도 커피를 마시려던 참이었거든요.

❻ 가 : 이쪽 벽에 그림 좀 ....
　나 : 그거 좋겠는데요. 오늘 제가 사 올게요.

이라도

5. 다음 대화를 완성하십시오.

❶ 가 : 비가 많이 오는데 우산이 없네요. 빨리 가야 하는데…….
나 : 그럼, 제 것이라도/~~라도~~ 쓰고 가세요. 저는 친구랑 같이 쓰고 갈게요.

❷ 가 : 에어컨이 고장 나서 너무 더워요.
나 : ____________이라도/라도 켜세요. 조금은 나아질 거예요.

❸ 가 : 일을 오늘까지 다 끝내야 하는데 도와줄 사람이 없네요.
나 : 다른 사람이 없으면 ____________이라도/라도 도와 드릴까요?

❹ 가 : 지금 내가 이 일을 시작하기에는 너무 늦지 않았을까?
나 : 늦지 않았어. ____________이라도/라도 시작해 봐. 잘 할 수 있을 거야.

❺ 가 : 급한 일이 생겨서 오늘 못 가겠는데요.
나 : 그러면 ____________이라도/라도 오세요. 오셔서 보고 결정하시는 게 나으니까요.

❻ 가 : 지금은 지하철이 끊겼을 텐데 오실 수 있겠어요?
나 : ____________이라도/라도 갈 테니까 걱정마세요.

6. 다음 그림을 보고 '이라도'를 사용해 문장을 완성하십시오.

❶ 밥이 없으면 빵 이라도/~~라도~~ 주세요.

❷ 주스가 없으면 ________ 이라도/라도 마십시다.

❸ 전화를 자주 할 수 없으면 ________ 이라도/라도 자주 ________ 으세요/세요.

❹ 제주도에 갈 수 없으면 ________________________.

❺ 자동차가 고장 났으면 ________________________.

❻ 애인하고 올 수 없으면 ________________________.

6과 2항

어휘

1. 다음 [보기]에서 알맞은 말을 골라 빈 칸에 쓰십시오.

[보기] 안부가 궁금하다　안부를 묻다　안부를 전하다
안부 문자를 보내다　안부 인사를 드리다　안부 전화를 하다

❶ 친구한테 잘 지내냐고 휴대 전화로 (안부 문자를 보냈다)~~었다/았다/였다~~.

❷ 어제는 할머니 댁에 (　　　　　　　　)으러/러 갔다. 할머니께서는 오랜만에 우리를 보고 아주 기뻐하셨다.

❸ 고향에 돌아간 친구가 2급 때 우리 반 친구들 모두 잘 지내냐고 (　　　　　　　　) 었다/았다/였다.

❹ 한국 여행을 하고 돌아가는 고향 친구에게 우리 부모님께 (　　　　　　　　)어/아/여 달라고 부탁했다.

❺ 오늘 우연히 초등학교 동창생을 길에서 만났다. 이런저런 이야기를 하니까 그때 친구들의 (　　　　　　　　)어졌다/아졌다/여졌다.

❻ 한국에 유학 온 뒤로 일주일에 한 번씩 고향에 계신 부모님께 (　　　　　　　　) 는다/ㄴ다. 전화로 부모님 목소리를 들으면 더 열심히 공부해야겠다는 생각이 든다.

2. 다음 [보기]에서 알맞은 말을 골라 빈 칸에 쓰십시오.

[보기] 동창회　아까　야　준비 중이다　보이다

❶ 가 : 어제 (동창회)~~은~~/는 어땠어요?
나 : 아주 좋았어요. 오랜만에 초등학교 때 친구들을 만나니까 다시 그때로 돌아간 기분이 들었어요.

❷ 가 : (　　　　　), 지금 어디야? 친구들이 다 기다리고 있는데.
나 : 그래? 거의 다 왔어. 빨리 갈게. 조금만 기다려.

❸ 가 : 승연 씨는 요즘 많이 바쁜가 봐요.
나 : 네, 다음 달에 유학을 가려고 (　　　　　)거든요.

❹ 가 : 이 집은 왜 이렇게 비싸요?
나 : 전망이 좋아서 그래요. 저기 한강이 (　　　　　)지요?

❺ 가 : 내 책 못 봤니? 여기에 있었던 것 같은데…….
나 : 아, 그 책이요? (　　　　　) 승연 씨가 분실물 센터에 가지고 가던데요.

-더라

3. 다음 그림을 보고 대화를 완성하십시오.

❶

남자 : 샤오밍 씨가 어디 갔지?

여자 : 조금 전에 식당에서 밥 먹고 있더라.

❷

남자 : 박 선생님 아기 봤어?

여자 : 응, 정말 .... 더라.

❸

남자 : 올가 씨는 왜 안 오지?

여자 : 아까 몸이 아프다고 먼저 .... 더라.

❹

남자 : 에릭은 요즘 뭐 해?

여자 : 지난 주말에 우연히 봤는데 .... 더라.

❺

남자 : 어제 파티에 그 남자 혼자 왔어?

여자 : 아니, 어떤 여자하고 같이 .... 더라.

❻

여자 : 아까 보니까 태우 씨가 .... 더라.

남자 : 내가 거짓말을 했다는 것을 알게 됐거든.

4. 다음은 10년 전에 어학당을 다닌 마이클과 제니퍼가 하는 대화입니다. 그림을 보고 대화를 완성하십시오.

[10년 전]

[지금]

마이클 : 한국에 잘 다녀왔어? 어학당도 가 봤어?

제니퍼 : 응, 잘 다녀왔어. 어학당은 정말 많이 ❶ 변했더라.

마이클 : 어떻게 변했는데?

제니퍼 : 건물이 많이 ❷ .... 더라. 어학당 기숙사도 생기고.

마이클 : 학생들이 많아졌나 보구나.

제니퍼 : 응, 그런데 내가 갔을 때는 방학이어서 그런지 학생들이 ❸ .... 더라.

마이클 : 그래? 방학이었으면 선생님도 못 뵈었겠네.

제니퍼 : 아니야, 가기 전에 연락을 드려서 만나 뵐 수 있었어.
그런데 정말 ❹ .... 더라. 예전이나 지금이나 똑같으셨어.
그리고 네 안부를 ❺ .... 더라. 네 소식이 많이 궁금하셨었나 봐.

마이클 : 그래? 내가 먼저 연락 드려야겠다. 선생님은 결혼하셨겠지?

제니퍼 : 그럼, 아이도 있던데 아이가 ❻ .... 더라.
같이 사진도 찍었는데 다음에 보여 줄게.

마이클 : 그래, 정말 좋았겠다. 나도 다음 휴가 땐 한국에 가야지.

-다니요?

5. 다음 대화를 완성하십시오.

❶ 가 : 오늘 학교에 안 가셨다면서요?
나 : 학교에 안 가다니요?/~~이라니요?~~ 지금 학교에서 오는 길인데요.

❷ 가 : 언제 졸업하세요?
나 : ______________ 다니요?/이라니요? 전 작년에 졸업했는데요.

❸ 가 : 미선 씨가 많이 아프대요.
나 : ______________ 다니요?/이라니요? 어제까지도 괜찮았는데요.

❹ 가 : 오늘 숙제가 많다면서요?
나 : ______________ 다니요?/이라니요? 시험이 끝나서 오늘은 숙제가 없는데요.

❺ 가 : 샤오밍 씨가 공부를 아주 열심히 하지요?
나 : ______________ 다니요?/이라니요? 어제도 학교에 안 왔는데요.

❻ 가 : 선생님이 화가 많이 나셨다면서요?
나 : ______________ 다니요?/이라니요? 오늘 기분이 아주 좋으시던데요.

6. 기자 '사토' 씨가 영화배우 '유미' 씨를 인터뷰하고 있습니다. 대화를 완성하십시오.

사토 : 유미 씨, 오래간만입니다. 지난번 영화를 끝내고 지금까지 특별한 활동이 없으셨는데 푹 쉬셨나요?
유미 : ❶ 푹 쉬다니요? ~~다니요? /이라니요?~~ 너무 바빠서 눈 코 뜰 새가 없었어요.
사토 : 그동안 외국에 계셨다는 소문이 있던데요.
유미 : ❷ ______________ 다니요?/이라니요? 계속 한국에 있었는데요.
사토 : 아, 그래요? 그리고 너무 예뻐지셔서 성형 수술을 했다는 소문도 들었는데요.
유미 : ❸ ______________ 다니요?/이라니요? 너무 바빠서 살이 좀 빠졌을 뿐이에요.
사토 : 그럼, 남자 친구와 헤어졌다는 말은 사실인가요?
유미 : ❹ ______________ 다니요?/이라니요? 조금 전에도 같이 식사했는걸요.
사토 : 이번에 새로 찍는 영화의 남자 주인공과 사이가 나쁘다고 들었는데 연기하기 불편하지 않으시겠어요?
유미 : ❺ ______________ 다니요?/이라니요? 예전부터 친구 사이였는걸요.
사토 : 아, 그래요? 곧 가수로 데뷔한다고 들었는데요. 언제 앨범이 나옵니까?
유미 : ❻ ______________ 다니요?/이라니요? 저는 연기밖에 모르는 사람이에요.
사토 : 아, 그렇군요. 잘 알겠습니다. 오늘 바쁘실 텐데 이렇게 시간을 내 주셔서 감사합니다.

6과 3항

어휘

1. 다음 [보기]에서 알맞은 말을 골라 빈 칸에 쓰십시오.

[보기] 뒤풀이　새내기　선배　신입생 환영회　회비　후배

올해 입학한 ❶(새내기)~~을~~/를 환영하는 ❷( )이/가 설악산에서 열립니다. ❸( )은/는 내지 않아도 되니까 걱정하지 마시고 모두 참석해 주십시오. 신입생들은 ❹( )과/와, 재학생들은 새로 맞은 ❺( )과/와 친해질 수 있는 기회이니 놓치지 마시기 바랍니다. 또, 서울에 돌아와서는 연세 호프에서 ❻( )도 할 예정이니까 시간이 있는 사람은 참석하시기 바랍니다.

2. 다음 [보기]에서 알맞은 말을 골라 빈 칸에 쓰십시오.

[보기] 곡　신입생　오리엔테이션　끝나다　오랜만이다

❶ 가 : 내일은 12시부터 일해 줄 수 있어?
나 : 12시부터는 힘든데요. 수업이 1시에 (끝나)거든요.

❷ 가 : 어, 태우야, 이게 얼마만이야?
나 : 정말 ( )지? 그동안 뭐 하고 지냈어?

❸ 가 : 이번에 입학하신 학생들 중에서 학생회 사무실에서 아르바이트를 할 생각이 있는 분은 연락 주시기 바랍니다.
나 : ( )만 되는 건가요? 재학생은 안 돼요?

❹ 가 : 선생님, 한국 노래를 좀 배우고 싶은데요.
나 : 그럼, 금요일에 쉬운 노래로 한두 ( )쯤 가르쳐 드릴게요.

❺ 가 : 오늘 오후에 새로 온 학생들을 위한 ( )이/가 있습니다. 수업과 선택반 소개, 기숙사 안내, 상담실 이용에 대한 이야기를 할 예정이니까 꼭 참석하십시오.
나 : 네, 알겠습니다.

문법

-고 나서

3. 다음 그림을 보고 문장을 완성하십시오.

①

저는 밥을 먹고 나서 이를 닦아요

②

저는 .... 고 나서 아르바이트를 하러 가요.

③

저는 .... 고 나서 바로 설거지를 해요.

④

.... 고 나서 친구 집에 가요.

⑤

.... 고 나서 샤워를 하면 기분이 상쾌해져요.

⑥

다음 날 배울 것을 미리 .... 고 나서 수업을 들으면 훨씬 이해하기가 쉬워요.

4. 다음 대화를 완성하십시오.

❶ 가 : 시작해도 돼요?

나 : 네, 먼저 이름부터 쓰고 나서 문제를 푸세요.

❷ 가 : '독서 감상문'이 뭐예요?

나 : ______________고 나서 자기의 생각이나 느낌을 쓴 글이에요.

❸ 가 : '이사 떡'이 뭐지요?

나 : ______________고 나서 이웃들에게 인사를 하는 뜻으로 돌리는 떡을 말하는 거예요.

❹ 가 : '식후 30분'은 무슨 뜻인가요?

나 : '______________고 나서 30분 후에'라는 뜻이에요.

❺ 가 : 이 컵라면은 어떻게 해 먹어요?

나 : 아주 쉬워요. 먼저 ______________고 나서 그 끓인 물을 컵에 붓기만 하면 돼요.

❻ 가 : 그 사람 ______________고 나서 많이 변했어. 승진하기 전에는 정말 천사 같았는데…….

나 : 이제 우리한테는 인사도 안 하던데요.

-지

5. 다음 대화를 완성하십시오.

❶ 가 : 너무 화가 나서 친구한테 화를 내고 말았어.

나 : 좀 참지.

❷ 가 : 집에서 늦게 나와서 기차를 놓쳤어.

나 : ______________지. 조금만 서둘렀으면 기차를 놓치지 않았을 텐데…….

❸ 가 : 닭튀김 다 먹었어? ______________지. 내가 닭고기를 얼마나 좋아하는데…….

나 : 네가 닭고기를 안 먹는 줄 알고 내가 다 먹었어. 미안해.

❹ 가 : 한국에서는 아기 돌에 금반지를 선물해요.

나 : ______________지. 미리 알았으면 금반지를 샀을 텐데.

❺ 가 : 어제 친구들이랑 같이 동대문 시장에 갔다 왔어.

나 : ______________지. 다음에는 나도 꼭 데려가 줘, 알았지?

❻ 가 : 많이 짜? 마지막에 소금을 좀 넣었거든.

나 : ______________지 말지. 너무 짜서 어른들이 싫어하시겠어.

6. 다음 글을 읽고 이 사람의 친구가 되어서 다음과 같이 이야기하십시오.

어제 아침은 정말 추웠다. 이제 정말 겨울인가 보다. 아침에 옷을 얇게 입고 나와서 그런지 하루 종일 춥고 머리가 아팠다. 머리가 많이 아파서 약을 먹었는데 아침부터 아무 것도 먹지 않아서 그런지 시간이 지나니까 속이 더 아팠다. 머리도 아프고 속도 아파서 학교에서 일찍 나왔다. 병원에 갈까 하다가 좀 쉬면 나을 것 같아서 집으로 왔다.

낮잠을 좀 자고 일어나니까 아픈 것이 좀 괜찮아진 것 같았다. 그래서 시험공부를 하면서 커피를 마셨는데 밤에 잠이 안 왔다. 그래서 잠이 올 때까지 텔레비전을 봤다. 아침에 눈을 뜨니까 벌써 9시였다. 어제 낮잠을 자면서 자명종을 꺼서 아침에 시계가 울리지 않은 모양이다. 그래서 오늘 쓰기 시험에 늦었다. 가는 도중에 선생님께 전화가 왔다. 많이 걱정하신 모양이다.

❶ 추운데 옷 좀 잘 입고 나오지.

❷ 밥을 먹고 약을 ………………………… 지.

❸ 많이 아프면 병원에 ………………………… 지.

❹ 커피를 ………………………… 지.

❺ 자명종을 ………………………… 지.

❻ 선생님이 많이 걱정하셨는데 집에서 나가면서 선생님께 ………………………… 지.

6과 4항

어휘

1. 다음 [보기]에서 알맞은 말을 골라 빈 칸에 쓰십시오.

[보기] 동호회 야유회 연수 회식 회의

안내 게시판

신입 사원 ❶(　　)

신입 사원들을 위한 업무 설명 및 회사 안내가 있습니다. 신입 사원은 한 분도 빠짐없이 참석하시기 바랍니다.

일시 : 7월 20일
장소 : 대강당

사원 가족과 함께 하는 즐거운 ❷(　　)

이번 주말, 양평에서 합니다. 맛있는 바비큐와 아이들과 함께 할 수 있는 재미있는 게임들이 많이 준비되어 있습니다. 많은 참석 바랍니다.

회원 모집

저희는 사내 축구 ❸(　　) 입니다. 한 달에 한 번 모여서 사내 운동장에서 운동을 합니다. 연예인 축구팀과 경기도 있으니 신입 사원 여러분들의 많은 가입 부탁드립니다.

이번 금요일에 우리 부서 ❹(　　)이/가 회사 앞 신촌 식당에서 있습니다. 다른 부서로 옮기시는 김 과장님과의 마지막 자리이니 꼭 참석하시기 바랍니다.

월요일 오후 2시에 3층 회의실에서 신제품 디자인에 대한 ❺(　　)이/가 있습니다. 디자인팀은 한 명도 빠짐없이 모두 참석하십시오.

❶ 연수　❷ ....　❸ ....

❹ ....　❺ ....

2. 다음 [보기]에서 알맞은 말을 골라 빈 칸에 쓰십시오.

[보기] 2차	슬슬	잔뜩	기대하다	목이 쉬다	참석하다

❶ 어제는 친구 생일이었다. 같이 저녁을 먹고 (2차)~~으로~~/로 노래방에도 갔다.
❷ 월급이 오르기를 사원들은 ( )고 있다.
❸ 약속 시간이 되어 가는데 ( ) 출발할까요?
❹ ( )을/ㄹ 때까지 열심히 응원을 했지만 우리 팀이 졌다.
❺ 나도 같이 가고 싶은데 일이 ( ) 밀려서 오늘은 못 가겠다.
❻ 그 친구의 결혼식에 ( )으려고/려고 외국에서 온 손님도 있었다.

문법

-는다니까

3. 다음 대화를 완성하십시오.

❶ 밍밍 : 유카 씨 생일 선물로 뭐가 좋을까? (유카 씨가 꽃을 아주 좋아한대요.)
올가 : 유카 씨가 꽃을 좋아한다니까 ~~는다니까/다니까/이라니까~~ 장미꽃을 사 갑시다.
❷ 수지 : 승연 씨가 금방 나올 수 있대요? (지금 회의 중이래요.)
태우 : 아니요, ________________ 는다니까/다니까/이라니까 한참 기다려야 할 것 같아요.
❸ 안드레이 : 돌 선물은 뭘 살까요? (아기 옷은 많대요.)
승연 : ________________ 는다니까/다니까/이라니까 금반지를 삽시다.
❹ 태우 : 이번 토요일에 뭘 할 거예요? (다음 월요일에 시험을 본대요.)
승연 : ________________ 는다니까/다니까/이라니까 공부해야지요.
❺ 올가 : 내일 스키장에 갈 거지? (에릭 씨가 감기에 걸렸대요.)
밍밍 : ________________ 는다니까/다니까/이라니까 다음에 같이 가는 게 어떨까?
❻ 샤오밍 : 미안한데 돈 좀 빌려 줄 수 있어? (태우 씨가 어제 월급을 받았대요.)
유카 : 미안해. 나도 지금은 돈이 없어. ________________ 는다니까/다니까/이라니까 태우 씨한테 말해 봐.

4. 다음 그림을 보고 대화를 완성하십시오.

❶ 리에 : 영화배우를 한번 만나 보는 게 제 소원이에요.

웨이 : 그래요? 수지 씨 친구가 유명한 영화배우라니까 ~~는다니까/다니까/이라니까~~ 소개해 달라고 해 보세요.

❷ 리에 : 고향에서 어머니가 오셨는데 같이 어디로 여행가는 게 좋을까요?

웨이 : .... 는다니까/다니까/이라니까 설악산에 다녀오세요.

❸ 리에 : 연극에 쓸 도자기가 필요한데 어디 빌릴 곳이 없을까요?

웨이 : .... 는다니까/다니까/이라니까 한번 부탁해 보세요.

❹ 리에 : 영어를 가르쳐 줄 선생님을 찾고 있어요.

웨이 : .... 는다니까/다니까/이라니까 부탁해 보는 게 어떨까요?

❺ 리에 : 남산에 가는 방법 좀 알려 주세요.

웨이 : 어제 .... 는다니까/다니까/이라니까 태우 씨한테 물어보세요.

❻ 리에 : 연극 표가 두 장 생겼는데 누구 저하고 같이 안 갈래요?

웨이 : 저는 일이 많아서 못 갈 것 같아요. .... 는다니까/다니까/이라니까 같이 가자고 해 보세요.

-지요

5. 다음 상황에 맞게 권유해 보십시오.

❶ ▶ **우리 집 근처에 가시는 교수님께 자신의 차로 같이 가자고 말씀드릴 때**

비도 오는데 제 차로 같이 가시지요.

❷ ▶ **약속이 있어서 시내에 가시는 어머니께 지하철로 가는 게 낫다고 말씀드릴 때**

이 시간에는 교통이 복잡할 텐데 ________________ 지요.

❸ ▶ **날씨가 흐려서 곧 비가 올 것 같을 때 우산을 챙기시라고 아버지께 말씀드릴 때**

비가 올 것 같던데 ________________ 지요.

❹ ▶ **식당에 같이 온 선배에게 쌀국수를 권할 때**

지난번에 먹어 보니까 이 집 쌀국수가 맛있던데 ________________ 지요.

❺ ▶ **전자 사전을 싸게 살 수 있는 곳을 물어보는 선배에게**

________________ 지요.

❻ ▶ **살 빼는 방법을 묻는 이웃집 언니에게**

________________ 지요.

6. 다음 대화를 완성하십시오.

❶ 손님 : 이거 부산으로 보내는 소포인데 금요일까지는 도착하겠지요?
직원 : 금요일이요? 그렇게 빨리 도착해야 하면 빠른 우편으로 보내시지요.

❷ 손님 : 아저씨, 연세 스포츠 9월호 나왔지요? 어디에 있어요?
점원 : 내일 나오는데……. 내일 다시 ______________________ 지요.

❸ 사원 : 오늘 점심은 시켜 먹을까요? 나가서 먹을까요?
동료 : 시간도 많은데 ______________________ 지요.

❹ 승연 : 약속 시간까지 한 시간 정도 남았는데 뭘 하지?
유카 : 그럼, ______________________ 지요. 저기 커피숍이 있네요.

❺ 수지 : 오늘 저녁은 ______________________ 지요.
밍밍 : 그럼, 수지 씨가 요리를 하는 대신에 제가 설거지를 할게요.

❻ 샤오밍 : 히로시 씨, 공책 좀 빌려 주실 수 있어요?
히로시 : 네, ______________________ 지요.

6과 5항

어휘와 문법

1. 다음 [보기]에서 알맞은 말을 골라 빈 칸에 쓰십시오.

[보기] 돌잔치 / 동창회 / 신입생 오리엔테이션 / 신입생 환영회 / 연수 / 직원 단합 대회 / 차례 / 회갑 잔치 / 회식

가족 모임	학교 모임	회사 모임

2. 다음 [보기]에서 알맞은 말을 골라 빈 칸에 쓰십시오.

[보기] 곡 / 잔치 / 슬슬 / 아까 / 안 그래도 / 잔뜩 / 고생하다 / 기대하다 / 준비 중이다 / 참석하다

❶ 가 : 이제 (   ) 일어날까요?
나 : 어머, 벌써 10시네요. 이야기가 너무 재미있어서 시간 가는 줄 몰랐어요.

❷ 가 : 별로 유명하지 않은 노래인데 이 노래를 어떻게 알아요?
나 : 이 (   )은/는 제가 고등학교 때 제일 좋아했던 노래예요.

❸ 가 : 연극 대회 1등 상품이 뭐예요?
나 : 아주 좋은 걸 준비했으니까 (   )어도/아도/여도 좋아요.

❹ 가 : (   ) 전화를 했었는데 통화 중이던데요.
나 : 고향 집에서 전화가 와서 통화가 좀 길어졌어요.

❺ 가 : 점심 먹으러 안 갈래?
나 : (   ) 식당에 가려던 참이었어. 뭐 먹을까?

⑥ 가 : 결혼식에 (　　　　　　)지 못해서 죄송합니다.
나 : 아니에요. 축의금은 잘 받았습니다. 감사합니다.

⑦ 가 : 책상 좀 치워라. (　　　　　　) 어질러 놓고 공부가 되니?
나 : 지금 바쁘니까 이따가 치울게요.

⑧ 가 : 어디 다녀오세요?
나 : 이모가 (　　　　　　)을/를 한다고 해서 좀 도와 드리고 오는 길이에요.

⑨ 가 : 어머니께 먼저 인사부터 드릴게. 그런데 어디 계시니?
나 : 지금 외출 (　　　　　　)어/아/여. 좀 있다가 인사 드려.

⑩ 가 : 오늘 술값은 내가 낼게. 첫 월급을 받았거든.
나 : 우리는 좋지만 (　　　　　　)어서/아서/여서 번 돈을 그렇게 써도 돼?

3. 다음 대화를 완성하십시오.

❶ 가 : 과일은 냉장고에 있으니까 ______________ 어다가/아다가/여다가 먹어.
나 : 네, 걱정 마시고 잘 다녀오세요.

❷ 가 : 따뜻한 물이 없는데 어떻게 하지요?
나 : ______________ 이라도/라도 주세요.

❸ 가 : 어제 밍밍 씨 남자 친구를 봤는데 ______________ 더라.
나 : 그렇게 잘 생겼어?

❹ 가 : 올가 씨가 장학금을 받았대요.
나 : ______________ 다니요?/이라니요? 저는 수지 씨가 받았다고 들었는데요.

❺ 가 : 마지막에 그 두 사람이 만났어요? 그때 전화가 와서 그 장면을 못 봤거든요.
나 : 아니요, 남자 주인공이 ______________ 고 나서 여자 주인공이 약속 장소에 와요. 그래서 또 못 만났어요.

⑥ 가 : 어제 너희 집 근처에서 약속이 있었어.
나 : 근처에 왔으면 ______________________지.

⑦ 가 : 내일부터 ______________________는다니까/다니까/이라니까 따뜻하게 입고 나오세요.
나 : 네, 그렇게 할게요.

⑧ 가 : 태우 씨가 이번 주까지는 ______________________는다니까/다니까/이라니까 다음 주에 만납시다.
나 : 그래요? 저는 다음 주에 고향에 돌아가는데요.

⑨ 가 : 조금 전부터 두통이 너무 심해요.
나 : 그럼 ______________________지요.

⑩ 가 : 오늘은 제가 ______________________지요.
나 : 아니에요. 지난번에도 사 주셨잖아요. 오늘은 제가 낼게요.

4. 다음 대화를 완성하십시오.

[보기] -다가 -어다가 에다가 -어 가지고

① 먼저 시험지 ______________________ 이름을 쓰세요.
② 그림을 ______________________ 벽에 붙였어요. (그리다)
③ 커피 ______________________ 설탕 좀 넣어 주세요.
④ 케이크를 ______________________ 친구 집에 갔어요. (사다)
⑤ 돈을 ______________________ 등록금을 냈어요. (찾다)
⑥ 남은 음식을 ______________________ 왔는데 드실래요? (싸다)
⑦ 빵집에서 샌드위치를 ______________________ 먹었어요. (사다)
⑧ 기숙사에 ______________________ 하숙집으로 이사했어요. (살다)
⑨ 중국어를 ______________________ 어려워서 그만 두었어요. (배우다)
⑩ 도서관에서 책을 ______________________ 집에서 읽었어요. (빌리다)

듣기 연습

CD: 14 ~ 15

1. 이야기를 듣고 질문에 대답하십시오.

1) 이 편지는 누가, 누구에게 썼습니까? 쓰십시오.

2) 이 편지를 쓴 목적은 무엇입니까? (　　　　)

❶ 감사　　❷ 사과　　❸ 안부　　❹ 축하

3) 들은 내용과 같은 것을 고르십시오. (　　　　)

❶ 이 사람은 한국말 때문에 한국에서 생활하기가 어렵다.
❷ 얼마 전에는 이 사람의 생일이었다.
❸ 이 사람의 할아버지는 건강하시다.
❹ 이 사람은 서울에서 부모님과 함께 산다.

2. 대화를 듣고 질문에 대답하십시오.

1) 들은 내용과 같으면 ○표, 다르면 ×표 하십시오.

❶ 여자는 전에도 한국 사람 결혼식에 참석한 적이 있다. (　　)
❷ 한국 결혼식에 가면 선물도 하고 돈도 내야 한다. (　　)
❸ 이 남자와 여자는 결혼 선물을 준비했다. (　　)
❹ 한국에서 5월에는 다른 달보다 결혼식이 많은 편이다. (　　)
❺ 두 사람은 요즘 결혼식에 자주 가야 해서 부담스러워한다. (　　)

2) 축의금은 무엇입니까? 쓰십시오.

읽기 연습

1. 다음 글을 읽고 질문에 대답하십시오.

한국에서는 만으로 예순 살이 되면 회갑 잔치를 한다. 특별히 예순 살 생일에 큰 잔치를 하는 의미는 무엇일까?

물론 예전에는 예순 살까지 사는 사람들이 그리 많지 않았으니까 예순 살까지 건강하게 사신 것을 축하하는 의미도 있을 것이다. 그러나 단순히 건강하게 오래 살았다는 의미에서만 예순 살 생일을 축하하는 것은 아니다.

한국에서는 태어날 때 그 해의 동물을 띠로 갖게 된다. 그 동물로는 쥐, 소, 호랑이, 토끼, 용, 뱀, 말, 양, 원숭이, 닭, 개, 돼지가 있다. 동물이 모두 12마리이므로 12년마다 자기 띠가 돌아온다. 이렇게 12년씩 5번이 돌아서 만 60세가 되면 사람이 다시 태어나는 것과 같다고 생각했다. 그래서 '인생은 60부터'라는 말도 생겼다고 한다.

그러나 요즘은 예순 살 생일에 회갑 잔치를 하지 않고 여행을 가거나 가족끼리 모여 식사를 하는 것으로 대신하기도 한다.

1) 글의 내용과 같으면 ○표, 다르면 ×표 하십시오.

❶ 회갑 잔치는 만 60세 생일에 한다. (　　)
❷ 요즘에도 예순 살까지 사는 사람들은 많지 않다. (　　)
❸ 띠는 12개의 동물 중에서 그 사람이 좋아하는 것으로 정한다. (　　)
❹ 한국에서는 모든 사람들이 회갑 잔치를 한다. (　　)

2) 한국 사람들은 왜 만 60세의 생일을 중요하게 생각합니까? 쓰십시오.

2. 다음을 읽고 질문에 답하십시오.

연세 신문

연세 무역, 아름다운 송년회

직원 부부 50명, 희망의 집 방문
목욕 봉사, 청소 등 새해맞이 봉사 활동 실시

연세 무역에서 일하는 직원 부부들이 뜻 깊은 연말을 보내기 위해 장애인들이 살고 있는 '희망의 집'에서 봉사 활동을 했다.

28일 송년회를 하는 대신 희망의 집을 방문한 이들은 장애인들을 목욕시키고 청소, 화단 정리 정돈을 하며 특별한 송년 행사를 가졌다. 또한 봉사자들은 준비해 간 음식과 과일 등을 전하고 희망의 집 식구들의 건강을 기원했다.

연세 무역 김철수 사장은 "한 해의 마지막을 봉사 활동으로 마무리할 수 있어 기쁘다"고 했다. 연세 무역 직원들은 한 달에 한 번씩 정기적으로 봉사 활동을 하고 있다.

1) 이 글은 무슨 글입니까? (　　　　)

❶ 일기　　❷ 소설　　❸ 광고　　❹ 신문 기사

2) 직원들이 '희망의 집'에서 한 일이 <u>아닌</u> 것을 고르십시오. (　　　　)

❶ 요리하기
❷ 청소하기
❸ 화단 정리하기
❹ 장애인 목욕 시키기

3) 글의 내용과 같으면 ○표, 다르면 ×표 하십시오.

❶ 연세 무역은 송년회를 하는 대신에 봉사 활동을 했다. (　　　)
❷ '희망의 집'은 가족이 없는 노인들이 사는 곳이다. (　　　)
❸ 연세 무역은 '희망의 집'에 큰 돈을 기부했다. (　　　)
❹ 연세 무역은 앞으로도 봉사 활동을 계속 할 것이다. (　　　)

말하기 · 쓰기 연습

1. 배운 문법을 사용해 친구에게 질문하고 대답하십시오.

질문	친구 1	친구 2
❶ 여러분은 한국의 가족 행사에 참여해 본 적이 있습니까? 어떤 모임이었습니까? 무엇을 가지고 갔습니까? (-어다가)		
❷ 다른 반 친구의 안부를 묻고 대답하십시오. (-더라, -다니요?)		
❸ 여러분은 모임에 친구를 초대해 본 적이 있습니까? 어떤 모임이었습니까? 여러분의 생일 파티 계획을 친구와 함께 세워 보십시오. (-고 나서, -지요)		
❹ 여러분은 회식을 한 적이 있습니까? 언제, 누구와 무슨 일로 회식을 했습니까? 회식에서는 무엇을 했습니까? (-고 나서)		

2. 다음 글을 읽고 여러분이라면 어떻게 할지 써 보십시오. 그리고 친구와 같이 이야기해 보십시오.

> 오늘은 아버지 회갑입니다. 요즘은 잔치는 안 한다고 해서 가족끼리만 저녁을 먹기로 했습니다. 퇴근 시간이 다 되어가서 급한 일만 해 놓고 자리에서 일어서려고 하는데, 부장님이 오늘 저녁에 새로 오신 사장님과 회식이 있으니까 한 사람도 빠지지 말라고 하십니다. 새로 오신 사장님께 처음부터 나쁜 인상을 주기는 싫습니다. 하지만 기다리고 있을 가족들을 생각하니까 어떻게 해야 할지 망설여집니다. 어느 모임에 참석하는 게 좋을까요?

쉼터 3 - 삼행시

삼행시를 지어 봅시다.

자 : 자동차를 사랑하는 여러분
동 : 동호회 모임에 오신 걸 환영합니다.
차 : 차를 대접해 드리겠습니다.

자 : 자동차를 새로 샀는데 기분이 너무 좋아 추운 날씨인데도 발을
동 : 동동 구르며
차 : 차를 열심히 닦고 있다.

사 : 사랑해.
이 : 이렇게 널 사랑해.
다 : 다 진실이야. 믿어 줘.

[친구 이름]

김 : 김밥 싸는 법을 배우고 싶어요.
채 : 채소만 넣어도 맛있다고 하던데.
환 : 환한 웃음으로 우리 엄마가 가르쳐 주신대요.

여러분도 자기 이름이나 친구 이름으로 삼행시를 지어 보세요.

◯ : ....

◯ : ....

◯ : ....

◯ : ....

다른 단어로 '삼행시'를 지어 보세요. 그리고 친구와 같이 이야기해 보세요.

[보기] 한국말 불고기 고구마 강아지 고양이 무지개 전화기 기숙사

★ '삼행시'란 단어의 첫 글자로 만든 짧은 글입니다.

제 7과 실수와 사과

7과 1항

어휘

1. 다음 [보기]에서 알맞은 말을 골라 빈 칸에 쓰십시오.

[보기] 실수하다 오해하다 잊어버리다 잘못하다 조심하다 착각하다

① 가 : 이건 오늘 회의 자료가 아니라 지난번 회의 자료인데요.
나 : 죄송해요. 제가 실수했네요 ~~었네요/았네요/였네요~~. 다시 갖다가 드릴게요.

② 가 : 날씨가 추워서 감기에 걸릴 것 같아요.
나 : 요즘 감기가 유행이래요. 감기에 걸리지 않게 ____________ 으세요/세요.

③ 가 : 다음에도 또 이런 거짓말을 할 거야?
나 : ____________ 었어요/았어요/였어요. 다시는 안 그럴게요.

④ 가 : 여보세요, 수정 씨. 왜 안 와요? 오늘 만나기로 했잖아요.
나 : 어머, 미안해요. 약속을 ____________ 었어요/았어요/였어요.

⑤ 가 : 태우야, 시험이 오늘이 아니라 내일이래. 네 말을 듣고 어젯밤 2시까지 공부했는데.
나 : 미안해. 내가 날짜를 ____________ 었나/았나/였나 봐.

⑥ 가 : 남자 친구가 바쁘다고 만나 주지 않아서 제가 화를 냈는데 사실은 제 생일 파티를 준비하고 있었어요.
나 : 남자 친구를 ____________ 었군요/았군요/였군요. 미안하다고 하세요.

2. 다음 [보기]에서 알맞은 말을 골라 빈 칸에 쓰십시오.

[보기] 내용 비밀 일기장 그만 내다 어떡하다

① 신청서를 오늘 저녁 6시까지 (내야) ~~어야/아야/여야~~ 합니다.
② 시험공부를 하다가 (   ) 잠이 들었어요.
③ 잘못해서 커피를 옷에 쏟았어요. (   )지요?
④ 그 사람이 쓴 글은 무슨 (   )인지 잘 모르겠어요.
⑤ 초등학교 때 쓴 (   )을/를 다시 보니까 어렸을 때 일들이 생각나요.
⑥ 이건 너와 나, 둘만 아는 (   )이야/야. 절대로 다른 사람한테 말하면 안 돼.

문법

-는다는 것이

3. 다음 대화를 완성하십시오.

① 가 : 수프가 왜 이렇게 짜요?
나 : 후추를 친다는 ~~는다는/ㄴ다는~~ 것이 소금을 쳐서 그래요.

② 가 : 손님, 이 돈은 우리나라 돈이 아닌데요.
나 : 아, 미안해요. 한국 돈을 낸다는 것이 ____________________.

③ 가 : 히로시 씨는 왜 책을 안 가져왔어요?
나 : ____________________는다는/ㄴ다는 것이 2급 책을 가져왔어요.

④ 가 : 승연 씨가 어제 저한테 문자 메시지를 보냈죠?
나 : 네? 제가요? 아마 샤오밍 씨한테 ____________________는다는/ㄴ다는 것이 선생님께 잘못 보냈나 봐요. 죄송해요.

⑤ 가 : 유카 씨 미안해요. ____________________는다는/ㄴ다는 것이 방해만 됐어요.
나 : 괜찮아요. 신경 쓰지 마세요.

⑥ 가 : 여보세요, 올가 씨, 무슨 일로 전화를 했어요?
나 : 아, 밍밍 씨, 죄송해요. ____________________는다는/ㄴ다는 것이 ____________________었어요/았어요/였어요.

4. 다음은 김준호 씨가 실수한 이야기입니다. 실수한 내용을 찾아서 '-는다는 것이'를 사용해 쓰십시오.

오늘은 동창회가 있는 날이어서 김준호 씨는 내일 있을 회의 준비를 마치자마자 친구들이 모여 있는 술집으로 달려갔다. 오랜만에 만나는 친구들과 한잔하다가 보니까 벌써 12시가 다 되었다. 김준호 씨는 옷걸이에 걸려 있는 많은 옷들 중에서 자기의 옷을 찾아 입고 가방을 들고 나왔다. 구두도 겨우 찾아 신고 나왔다. 택시에서 내려서 집으로 가는데 구두가 좀 커서 걷기가 불편했다. 아파트 계단을 올라와서 초인종을 눌렀는데 누구냐는 낯선 목소리가 들렸다. 준호 씨 집은 403호인데 거기는 503호였다. 대답도 못하고 바로 내려왔다. 집에 들어가니까 준호 씨 부인이 놀라면서 "당신, 누구 옷을 입고 온 거예요?"라고 했다.

아침에 자신의 가방을 연 준호 씨는 깜짝 놀랐다. 회의 자료가 있어야 할 가방에는 다른 사람의 노트북 컴퓨터가 들어 있었다. 할 수 없이 그 가방을 들고 집에서 나온 준호 씨는 버스 정류장에 서 있는 버스를 보고 뛰어가서 탔다. 버스 카드가 없어서 동전을 냈는데 운전기사 아저씨가 더 내라고 한다. 백 원짜리를 오백 원짜리인 줄 알고 낸 것이다. 그런데 정신을 차리고 보니까 버스가 회사와는 다른 쪽으로 가고 있었다. 이런, 731번을 타야 하는데 713번을 탔다. 아, 어쩌면 좋을까?

❶ 자기 구두를 찾아 신는다는 것이 다른 사람의 구두를 신고 왔다.

❷ ______________________________.

❸ ______________________________.

❹ ______________________________.

❺ ______________________________.

❻ ______________________________.

-을까 봐

5. 관계있는 문장을 연결해서 한 문장으로 만드십시오.

늦습니다. •	• 냉장고에 넣었어요.
길이 막힙니다. •	• 열심히 공부했어요.
음식이 상합니다. •	• 택시를 타고 왔어요.
친구가 실망합니다. •	• 말을 하지 않았어요.
시험에 떨어집니다. •	• 높은 곳에 올려놓았어요.
아이들이 깨뜨립니다. •	• 다른 길로 돌아서 왔어요.

❶ 늦을까 봐 택시를 타고 왔어요.

❷ ________________.

❸ ________________.

❹ ________________.

❺ ________________.

❻ ________________.

6. 다음 대화를 완성하십시오.

수지 : 중간시험도 끝나고 내일 휴일인데 뭐 재미있는 것 좀 없을까?
남산에 가서 케이블카나 탈까?

에릭 : ❶ 싫어. 난 케이블카가 고장 날까 ~~을까/ㄹ까~~ 봐 무서워.

수지 : 그럼, 날씨도 더운데 실내 스케이트장에 가서 스케이트를 타자.

에릭 : ❷ 난 스케이트를 못 타. ________________ 을까/ㄹ까 봐 겁이 나.

수지 : 바다에 가는 건 어때? 바다에 가서 수영하고 놀면 재미있을 것 같은데.

에릭 : 난 수영 못해. ❸ ________________ 을까/ㄹ까 봐 무서워.

수지 : 그럼, 배를 타고 가까운 섬에 가는 건 어때?

에릭 : ❹ ________________ 을까/ㄹ까 봐 배 타는 건 싫어. 전에 한 번 멀미를 심하게 해서 아주 고생한 적이 있어.

수지 : 그럼 가까운 산으로 등산 갈까?

에릭 : 난 ❺ ________________ 을까/ㄹ까 봐 겁이 나.
난 그냥 집에서 기말 시험 공부할래. 사실 ❻ ________________ 을까/ㄹ까 봐 걱정이 되거든.

7과 2항

어휘

1. 다음 [보기]에서 알맞은 말을 골라 빈 칸에 쓰십시오.

[보기] ① 방문 예절 ② 식사 예절 ③ 언어 예절 ④ 전화 예절

❶ 음식을 먹으면서 말을 하거나 큰 소리를 내지 않는다. (②)
❷ 너무 오래 통화하지 않는다. ( )
❸ 숟가락과 젓가락을 같이 들지 않는다. ( )
❹ 처음 보는 사람에게 반말을 하지 않는다. ( )
❺ 식사 시간은 피해서 가고 또 너무 오래 있지 않는다. ( )
❻ 이른 아침이나 밤 늦은 시간에는 꼭 필요한 일이 아니면 전화를 걸지 않는다. ( )

2. 다음 [보기]에서 알맞은 말을 골라 빈 칸에 쓰십시오.

[보기] 끼리 사이 불편하다 불평하다 비위생적이다 친하다

❶ 우리 하숙집은 다 좋은데 교통이 (불편한)~~은/ㄴ~~ 것이 단점이에요.
❷ 두 사람은 어떤 ( )이에요/예요?
❸ 우리 앞으로 싸우지 말고 ( )게 지내자.
❹ 그 음식점 주방은 너무 더러워서 ( )이에요/예요.
❺ 이번 여행은 여자들( )만 가는 여행이라서 더 재미있을 것 같아요.
❻ 콘서트 시간이 지났는데도 그 가수가 오지 않아서 모두들 ( )고 있어요.

문법

-어 버리다

3. '-어 버리다'를 사용해 문장을 완성하십시오.

❶ 택시를 잡으려고 했지만 택시들이 서지 않고 그냥 가 버렸다 ~~었다/았다/였다~~.
❷ 전화를 너무 오래 해서 커피가 다 ________________ 었다/았다/였다.
❸ 다음 주까지 해야 할 일을 오늘 다 ________________ 었다/았다/였다.
❹ 밥을 아직 다 안 먹었는데 엄마가 벌써 상을 ________________ 었다/았다/였다.
❺ 월급을 받은 지 얼마 안 됐는데 벌써 돈을 다 ________________ 었다/았다/였다.
❻ 내가 사다 놓은 맥주를 동생이 친구들과 같이 다 ________________ 었다/았다/였다.

4. 다음 [보기]에서 알맞은 동사를 골라 '-어 버리다'를 사용해 글을 완성하십시오.

[보기]	끊다	먹다	울다	자르다	지우다	찢다

남자 친구한테서 헤어지자는 문자를 받았다. 참으려고 했지만 눈물이 나왔다. ❶ 큰 소리로 엉엉 울어 버렸다 ~~었다/았다/였다~~. 그동안 받은 편지와 같은 찍은 사진들을 모두 ❷ ____________ 었다/았다/였다. 그 친구한테서 받은 이메일도 모두 ❸ ____________ 었다/았다/였다. 그 친구가 좋아해서 자르지 않았던 긴 머리도 짧게 ❹ ____________ 었다/았다/였다. 머리를 자른 후 그동안 다이어트 때문에 안 먹었던 케이크를 사서 혼자서 다 ❺ ____________ 었다/았다/였다. 그러니까 기분이 좋아졌다. 그런데 그 남자 친구한테서 잘 있냐는 전화가 왔다. 나는 대답을 하는 대신에 전화를 그냥 ❻ ____________ 었다/았다/였다.

-잖아요

5. 다음 표를 보고 '-잖아요'를 사용해 대화를 완성하십시오.

질문	서지현(32살)	김영숙(42살)
김치는 어떻게 하세요?	사서 먹는게 편하다.	집에서 담가 먹는 게 맛있다.
물건은 어디에서 사세요? 그 이유는요?	백화점에서 산다. 질도 좋고 디자인도 예쁘다.	동대문 시장에서 산다. 물건도 많고 싸다.
물건 살 때 어떻게 사요?	돈이 없어도 카드로 살 수 있으니까 카드가 편하다.	돈이 없으면 필요 없는 것은 안 사게 되니까 현금으로 산다.

리포터 : 김영숙 씨, 김치를 직접 담가 먹는다고 하셨는데 힘들지 않으세요?
김영숙 : 힘은 들지요. 하지만 ① 직접 담가 먹는 게 맛있잖아요.
리포터 : 서지현 씨, 김치를 사서 먹으면 돈이 많이 들지 않나요?
서지현 : 돈은 좀 들지만 ② ____________.
리포터 : 쇼핑은 어디에서 하세요?
김영숙 : 저는 동대문 시장에 자주 가요. ③ ____________.
서지현 : 전 백화점에서 사요. ④ ____________.
리포터 : 김영숙 씨는 물건을 살 때 현금으로 산다고 하셨는데 특별한 이유가 있나요?
김영숙 : ⑤ ____________.
서지현 : 하지만 현금은 갖고 다니기가 ⑥ ____________.
카드는 돈이 없어도 살 수 있으니까 편해요.

6. '-잖아요'를 사용해 대화를 완성하십시오.

① 가 : 학교 앞이 왜 이렇게 복잡해요? 오늘 무슨 날이에요?
나 : 졸업식 날이잖아요. 꽃다발을 들고 가는 사람이 많지요?

② 가 : 저 차가 왜 잘 팔린대요?
나 : ____________잖아요.

③ 가 : 왜 하루 종일 집에만 있어?
나 : ____________.

④ 가 : 오늘 왜 학교에 안 갔어요?
나 : ____________.

⑤ 가 : 왜 구두 대신에 운동화를 신었어요?
나 : ____________.

⑥ 가 : 한복이 예쁜데 왜 안 입어요?
나 : 일할 때는 좀 ____________. 이따가 세배할 때 입을 거예요.

7과 3항

어휘

1. 다음 [보기]에서 알맞은 말을 골라 빈 칸에 쓰십시오.

[보기] 변명하다 사과하다 양해를 구하다 용서를 빌다

❶ 가 : 제가 괜히 친구들한테 화를 내서 친구들이 다 가 버렸어요.
나 : 그럼 빨리 친구들한테 ___사과하세요___ ~~으세요/세요~~.

❷ 가 : 회사에 늦게 도착할 것 같은데 뭐라고 하지요?
나 : ______________ 지 말고 솔직하게 말하세요.

❸ 가 : 제가 아버지께서 아주 좋아하시는 도자기를 깼어요.
나 : 아버지께 ______________ 으세요/세요.

❹ 가 : 내일 부모님이 고향에서 오셔서 아르바이트를 할 수 없을 것 같아요. 어떡하죠?
나 : 그럼 사장님께 ______________ 으세요/세요. 이해해 주실 거예요.

2. 다음 [보기]에서 알맞은 말을 골라 빈 칸에 쓰십시오.

[보기] 볼일 부담 오히려 직접적으로 들르다 그럴 리가요

❶ 회사에서 큰일을 맡아서 (부담)이/~~가~~ 돼요.

❷ 에릭 씨가 큰 실수를 해서 회사를 그만둔다고요? ( ).

❸ 샤오밍 씨는 ( )이/가 있어서 오늘 모임에 좀 늦게 온대요.

❹ 그 사람은 1시간이나 늦게 오고서 ( ) 우리들한테 화를 내요.

❺ 친구의 부탁을 그렇게 ( ) 거절하면 사이가 나빠질 수도 있어요.

❻ 집에 오는 길에 서점에 ( )어서/아서/여서 책을 사 가지고 왔어요.

문법

-고 해서

3. 다음 표를 보고 '-고 해서'를 사용해 질문에 대답하십시오.

시골로 이사한 이유	☑ 공기가 좋다	☐ 경치가 좋다	☑ 집값이 싸다
그 카페에 자주 가는 이유	☐ 분위기가 좋다	☐ 커피가 맛있다	☐ 조용하다
집에만 있는 이유	☐ 날씨가 덥다	☐ 비가 올 것 같다	☐ 외출하기가 귀찮다
청소를 하는 이유	☐ 부모님이 오신다	☐ 할 일이 없다	☐ 주말에 파티가 있다
모임에 안 간 이유	☐ 머리가 아프다	☐ 술을 안 좋아한다	☐ 돈이 없다
전화를 한 이유	☐ 심심하다	☐ 물어볼 것이 있다	☐ 친구들 소식을 듣고 싶다

❶ 가 : 왜 시골로 이사했어요?

나 : 집값도 싸고 해서 이사했어요.

❷ 가 : 왜 그 카페에 자주 가요?

나 : ....

❸ 가 : 왜 집에만 있었어요?

나 : ....

❹ 가 : 왜 청소를 해요?

나 : ....

❺ 가 : 왜 그 모임에 안 갔어요?

나 : ....

❻ 가 : 왜 전화를 했어요?

나 : ....

4. '-고 해서'를 사용해 대화를 완성하십시오.

❶ 가 : 시장에 다녀오세요?
　나 : 네, 주말에 손님도 오시고 해서 먹을 것 좀 사 왔어요.

❷ 가 : 어제 일찍 퇴근하셨지요?
　나 : 네, ______________________________.

❸ 가 : 왜 그 동네로 이사하셨어요?
　나 : ______________________________.

❹ 가 : 운동을 시작하셨다면서요?
　나 : 네, ______________________________.

❺ 가 : 어제 빌린 책을 벌써 다 읽었어?
　나 : 응, ______________________________.

❻ 가 : 그 술집에 자주 가는 이유가 뭐예요?
　나 : ______________________________.

-지 그래요?

5. 다음 대화를 완성하십시오.

❶ 가 : 몸이 아파서 움직일 수가 없어요.
　나 : 병원에 가지 그래요?

❷ 가 : 이 옷이 마음에 안 드는데 어떻게 할까요?
　나 : ______________________ 지 그래요?

❸ 가 : 단어를 몰라서 숙제를 못 하겠어요.
　나 : ______________________ 지 그래?

❹ 가 : 카메라가 고장 나서 쓸 수가 없어요.
　나 : ______________________ 지 그래요?

❺ 가 : 여행 가고 싶은데 돈이 없어요.
　나 : ______________________ 지 그래?

❻ 가 : 다음 학기에도 수업을 듣고 싶은데 언제까지 등록해야 하는지 모르겠어요.
　나 : ______________________ 지 그래요?

6. 다음 대화를 완성하십시오.

❶

카메라 구입	
백화점 38만원	인터넷 33만원

가 : 백화점에 카메라를 사러 갔는데 너무 비싸더라.

나 : 그럼 인터넷으로 사지 그래요? 훨씬 쌀 걸요.

❷

가족 모임 장소	
집	식당

가 : 집에서 회갑 잔치를 하려고 하는데 준비하기가 너무 힘들어요.

나 : 그럼 ______________________? 편하잖아요.

❸

듣기 연습	
뉴스	드라마

가 : 저는 듣기 연습으로 뉴스를 듣는데 단어가 너무 어려워요.

나 : 그럼 ______________________? 단어도 쉽고 재미있잖아요.

❹

운동	
테니스	스쿼시

가 : 저는 테니스를 좋아하는데 같이 칠 친구가 없어요.

나 : 그럼 ______________________? 혼자서도 할 수 있잖아요.

❺

부산 ↔ 후쿠오카 왕복	
비행기 30만원	배 15만원

가 : 후쿠오카에 가고 싶은데 비행기 표가 생각보다 비싸네요.

나 : ______________________?

______________________.

❻

선물	
옷	상품권

가 : 어머니께 옷을 사 드리고 싶은데 고르기가 힘들어.

나 : ______________________?

______________________.

7과 4항

어휘

1. 다음 단어의 뜻을 찾아 연결하고 알맞은 말을 골라 빈 칸에 쓰십시오.

이해하다 •	• 어떤 사람을 보고 누구인지 알다.
알아보다 •	• 다른 사람의 말이나 뉴스 등을 알게 되다.
알아듣다 •	• 싸운 다음에 사과하고 다시 사이좋게 지내다.
화해하다 •	• 다른 사람의 생각을 바꾸어서 내 생각과 같이 만들다.
설득하다 •	• 말이나 글의 뜻을 알거나 다른 사람의 상황을 알아주다.

❶ 한국에서 오래 살아 보니까 한국 사람들의 사고방식을 (이해할)~~을/ㄹ~~ 수 있어요.
❷ 10년 만에 그 친구를 봤는데도 첫눈에 ( )을/ㄹ 수 있었어요.
❸ 그 사람은 고집이 너무 세서 그 사람을 ( )기는 참 어려워요.
❹ 그 사람의 말은 너무 빨라서 ( )기가 어려워요.
❺ 친구와 싸워서 마음이 불편했는데 오늘 ( )으니까/니까 기분이 좋아요.

2. 다음 [보기]에서 알맞은 말을 골라 빈 칸에 쓰십시오.

[보기] 방법 계속 부딪치다 오해를 사다 표현하다

❶ 종이로 배를 접는 (방법)을/~~를~~ 알면 가르쳐 주세요.
❷ 너무 기뻐서 말로 ( )을/ㄹ 수가 없어요.
❸ 약을 먹어도 배가 ( ) 아픈데 어떻게 하지요?
❹ 뛰어가다가 친구와 ( )어서/아서/여서 같이 넘어졌어요.
❺ 다른 사람들한테 ( )을/ㄹ 수 있는 행동은 처음부터 안 하는 게 나아요.

문법

-고도

3. 다음 대화를 완성하십시오.

❶ 가 : 누구한테 편지를 써요?

나 : 고향 친구한테요. 제가 편지를 받고도 답장을 쓰지 못했거든요.

❷ 가 : 수지 씨, 왜 그렇게 화가 났어요?

나 : 친구가 ______________고도 사과를 하지 않아서요.

❸ 가 : 아이가 거짓말을 해서 야단친 거예요?

나 : 아니요, ______________고도 반성하지 않아서 야단을 쳤어요.

❹ 가 : 올가 씨, 지난 번에 산 시디(CD)가 어때요?

나 : 요즘 너무 바빠서 ______________고도 아직까지 들어 보지도 못했어요.

❺ 가 : 우리 아이는 책을 ______________고도 무슨 내용인지 몰라요.

나 : 집중해서 읽지 않아서 그래요. 좀 크면 나아질 거예요.

❻ 가 : 샤오밍 씨가 대학교 입학시험에 합격했어요?

나 : 네, 하지만 등록금이 없어서 대학교에 ______________고도 ______________.

4. 다음 표를 보고 '-고도'를 사용해 대화를 완성하십시오.

샤오밍의 말	히로시의 말
❶ 히로시가 돈을 빌렸는데 갚지 않음.	❷ 내가 샤오밍한테 여러 번 밥을 사 주었는데도 고맙다는 인사를 하지 않음.
❸ 히로시가 학교에서 나를 봤는데도 인사하지 않고 그냥 감.	❹ 길에서 불렀을 때 샤오밍이 들었는데도 대답을 하지 않음.
❺ 히로시가 문자 메시지를 받았을 텐데 답장을 하지 않음.	❻ 샤오밍이 전화를 받았는데도 말하지 않고 끊어 버림.

수지　: 샤오밍 씨와 히로시 씨, 두 사람 싸웠어요? 왜 말을 안 해요?

샤오밍 : 제가 히로시한테 돈을 빌려 줬어요.

❶ 그런데 히로시가 돈을 빌리고도 갚지 않잖아요.

히로시 : 저는 샤오밍이 돈이 없을 때마다 밥을 사 줬어요.

그런데 샤오밍은 ❷밥을 먹고도 ______________________.

그리고 제가 돈을 조금 빌렸는데 만날 때마다 돈을 달라고 해요.

샤오밍 : 너는 학교에서 ❸ ______________________.

히로시 : 샤오밍, 너도 내가 길에서 불렀을 때 ❹ ______________________.

샤오밍 : 너는 ❺내 문자 메시지를 ______________________.

히로시 : 네가 먼저 ❻내 전화를 ______________________.

수지　: 그만, 그만하세요. 무슨 오해가 있는 것 같은데 우리 어디 가서 한잔하면서 이야기해 봐요.

-는단 말이에요?

5. 다음 대화를 완성하십시오.

❶ 가 : 날마다 2시간 씩 공부했는데 이번 시험에서 55점을 받았어요.

나 : 날마다 그렇게 열심히 공부했는데 55점을 받았단 ~~는단/단/이란~~ 말이에요?

❷ 가 : 휴대 전화가 고장 나서 수리를 맡겼는데 수리비가 10만원이래요.

나 : ______________________ 는단/단/이란 말이에요?

❸ 가 : 수지 씨 집에는 자동차가 4대나 있대요.

나 : ______________________ 는단/단/이란 말이에요?

❹ 가 : 샤오밍 씨 여자 친구가 미인 대회에서 1등을 했대요.

나 : ______________________ 는단/단/이란 말이에요?

❺ 가 : 날마다 5시간씩 일하는데 하루에 만 원밖에 못 받아요.

나 : ______________________ 는단/단/이란 말이에요?

❻ 가 : 아침에 눈이 와서 학교까지 오는데 2시간이나 걸렸어요.

나 : ______________________ 는단/단/이란 말이에요?

6. 다음은 신문 기사 제목입니다. 기사 제목을 보고 '-는단 말이에요?'를 사용해 문장을 만드십시오.

친구와 불장난하다가 산불, 오래된 나무들 수천 그루 불에 타

❶ 불장난을 하다가 산불을 냈단 말이에요?

삼겹살 1인분에 1,500원. 더 싼 집이 있으면 돈 안 받아

❷ ....?

고등학생이 인터넷으로 가짜 물건 팔아 1억원 이상 벌어

❸ ....?

한 집에 사는 개와 고양이 서로 연인처럼 사이가 좋아

❹ ....?

집에서 살기 싫어 은행 강도를 하다가 붙잡힌 남자, 교도소 가고 싶어서

❺ ....?

다이어트 때문에 날마다 빵 하나와 과일 하나만 먹어 어른 몸무게가 35kg

❻ ....?

7과 5항

어휘와 문법

1. 다음을 읽고 [보기]에서 알맞은 말을 골라 빈 칸에 쓰십시오.

[보기]	변명하다	사과하다	설득하다	실수하다	알아듣다
	알아보다	양해를 구하다	오해하다	착각하다	화해하다

❶ "지난번에는 내가 잘못했어. 정말 미안해." ____________

❷ "어머, 미안해요. 제 친구인 줄 알았어요". ____________

❸ "드라마에 나오는 말은 들으면 거의 알 수 있어요." ____________

❹ "서류에 10억이라고 써야 하는데 1억이라고 썼어요." ____________

❺ "오늘은 늦잠을 잔 게 아니라 일찍 나왔는데 차가 밀려서……." ____________

❻ "우리 다시 싸우지 말고 전보다 더 사이좋게 지내자."
"좋아." ____________

❼ "그 사람이 그렇게 하겠대요? "
"네, 제가 잘 설명을 하니까 그 사람이 마음을 바꾸던데요." ____________

❽ "어제 10년 전에 헤어진 태우를 만났는데 보자마자 누구인지 알겠더라." ____________

❾ "내 비밀을 친구가 말한 줄 알고 화를 냈는데 친구가 한 일이 아니었어요." ____________

❿ "큰은행에 갈 시간이 없어서 돈을 못 찾았는데 하숙비를 내일 드려도 될까요?" ____________

2. 다음 [보기]에서 알맞은 말을 골라 빈 칸에 쓰십시오.

[보기]	내용	일기장	그만	비위생적이다	표현하다

친구의 방에서 책을 꺼내는데 친구의 ❶ ____________ 이/가 떨어졌다. 그걸 줍다가 일기 ❷ ____________ 을/를 보게 되었다. 친한 친구들끼리 점심을 먹을 때 내가 내 젓가락으로 친구 그릇에 있는 음식을 갖다 먹는 게 ❸ ____________ 이라고/라고 생각한 모양이었다. 나는 오히려 그게 친한 걸 ❹ ____________ 는/ㄴ 것이라고 생각했는데. 그런데 그때 친구가 방에 들어왔고 나는 너무 놀라서 ❺ ____________ 일기장을 떨어뜨렸다.

YONSEI WORKBOOK 3

[보기] 볼일	오히려	부딪치다	불평하다	친하다

도서관에서 중간시험 준비를 하다가 머리가 아파서 일찍 나왔다. 길을 건너려고 뛰어가다가 저쪽에서 뛰어오는 사람하고 ⑥ ________ 었다/았다/였다. 그런데 그 사람은 중학교 때 나와 제일 ⑦ ________ 었던/았던/였던 친구였다. 내 잘못인데 ⑧ ________ 그 친구가 더 미안해했다. 그 친구는 지금 회사에 다니는데 우리 학교 근처에 ⑨ ________ 이/가 있어서 왔다고 한다. 내가 학교 생활이 재미없다고 ⑩ ________ 으니까/니까 그 친구는 그래도 학교 다닐 때가 더 좋았다고 했다. 오래간만에 만나서 여러 가지 이야기를 하고 헤어졌다.

3. 다음 대화를 완성하십시오.

❶ 가 : 불고기가 왜 이렇게 달아요?
나 : ________ 는다는/ㄴ다는 것이 ________ ________.

❷ 가 : 뭘 그렇게 열심히 보고 계세요?
나 : 약도예요. 오늘 친구 집에 혼자 가는데 ________ 을까/ㄹ까 봐 걱정이 돼서요.

❸ 가 : 여기 있던 과자 혹시 못 봤어요?
나 : 미안해요. 유카 씨 것인줄 모르고 ________ 어/아/여 버렸어요.

❹ 가 : 내가 작년에 산 코트가 어디 있지?
나 : 작아서 안 입는다고 해서 친구한테 ________ 어/아/여 버렸어.

❺ 가 : 무슨 일로 술을 그렇게 많이 마셨어요?
나 : ________ 고 해서 술을 좀 마셨어요.

❻ 가 : 샤오밍 씨는 왜 날마다 라면만 먹어요?
나 : ________ 잖아요. 저는 요리하는 것이 귀찮아요.

❼ 가 : 저, 죄송하지만 잠깐 은행에 가서 돈 좀 내고 올게요.
나 : ________ 지 그래요? 은행까지 갈 필요가 없잖아요.

❽ 가 : 태우야, 왜 ________ 고도 대답을 안 하니?
나 : 부르셨어요? 책을 읽고 있어서 못 들었나 봐요.

❾ 가 : 이 생수는 한 병에 2만원이래요.
나 : ________ 는단/단/이란 말이에요?

❿ 가 : 친구가 일 년 전에 돈을 빌려 가고는 아직까지 갚지 않아요.
나 : 아니, 일 년 전에 ________ 는단/단/이란 말이야?

4. 다음 중 맞는 문장에 ○표 하십시오.

❶ 책을 사 놓고도 읽었어요. ( )
책을 사 놓고도 안 읽었어요. ( )

❷ 취직을 할까 봐 걱정이에요. ( )
취직을 못 할까 봐 걱정이에요. ( )

❸ 휴대 전화가 고장 나서 수리를 맡겼어요. ( )
휴대 전화가 고장 나고 해서 수리를 맡겼어요. ( )

❹ 지난번 시험을 그렇게 못 본단 말이에요? ( )
지난번 시험을 그렇게 못 봤단 말이에요? ( )

❺ 다 쓴 공책을 버리는 것이 새 공책을 버렸어요. ( )
다 쓴 공책을 버린다는 것이 새 공책을 버렸어요. ( )

❻ 그 친구는 자기를 부르는 말을 듣고도 그냥 가 버렸어요. ( )
그 친구는 자기를 부르는 말을 들었고도 그냥 가 버렸어요. ( )

듣기 연습

CD: 16 ~17

1. 이야기를 듣고 질문에 대답하십시오.

1) 이 사람은 피시(PC)방 주인아저씨께 왜 고맙다고 했나요? 쓰십시오.

....

2) 들은 내용과 같으면 O표, 다르면 X표 하십시오.

❶ 이 사람은 한국에서 한두 번 말실수를 한 적이 있다. ( )

❷ 피시(PC)방 아저씨가 콜라를 선물로 준 걸 몰랐다. ( )

❸ 친구 생일 파티에서 이 사람은 친구들을 웃기려고 농담을 했다. ( )

❹ 한국말 실력을 늘리려면 실수를 할까 봐 두려워해서는 안 된다. ( )

3) 이 사람은 이런 말실수를 하면 어떤 점이 좋다고 했나요? 쓰십시오.

....

2. 이야기를 듣고 질문에 대답하십시오.

1) 이 책은 어떤 사람에게 필요한 책입니까? 쓰십시오.

....

2) 들은 내용과 같으면 O표, 다르면 X표 하십시오.

❶ 이 책의 제목은 '칭찬은 고래도 춤추게 한다'이다. ( )

❷ 이 책에는 사과의 방법이 잘 나타나 있다. ( )

❸ 사과는 잘못을 알게 된 순간보다 좀 더 시간을 두고 하는 것이 좋다. ( )

❹ 사과할 때는 진실된 마음으로 해야 한다. ( )

❺ 사과를 잘 해도 원래의 상황으로 돌아올 수는 없다. ( )

읽기 연습

1. 다음 빈 칸에 공통으로 들어갈 말을 쓰십시오. (   )

> .... 은/는 누구나 할 수 있습니다. 문제는 .... 을/를 한 다음입니다. 자신의 .... 이/가 누군가에게 불편과 아픔을 주었다면 사과할 줄 알아야 합니다. 사실 사과를 하는 것이 쉽지 않을 수도 있지만, 자신의 .... 을/를 인정하고 사과하는 것은 꼭 필요합니다.

2. 다음 글을 읽고 질문에 대답하십시오.

> **사과 데이(apple day)**
>
> 10월 24일. 오늘은 '사과 데이'입니다. 이것은 학교 폭력을 예방하고 사회적으로 화해 분위기를 만들기 위해 2002년부터 매년 실시하고 있는 캠페인입니다. 평소 오해와 나쁜 감정이 쌓여 있는 사람에게 사과 향기가 가득한 10월에 둘(2)이 사(4)과를 선물함으로써 자연스럽게 화해하자는 뜻으로 만든 날입니다. 그뿐만 아니라 피부 미용과 건강에도 좋은 사과를 많이 먹어 우리 농산물을 살리자는 의미로 시작되었습니다.
>
> 올해는 '사과! 화해! 그리고 행복!'이라는 주제를 정해서 대도시를 중심으로 '화해의 사과나무 만들기'등 여러 가지 다양한 기념행사를 한다고 합니다. '화해의 사과나무 만들기'는 사과 모양의 메모지에 자신이 사과할 내용을 적어 나무에 붙이는 행사라고 합니다. 오늘 '사과 데이'를 맞아 화해를 해야 할 사람이 있거나 사랑을 나눌 사람이 있다면 사과 선물을 해 보면 어떨까요? 선물을 주는 사람이나 받는 사람 모두의 얼굴이 사과처럼 밝아질 것입니다.

1) 처음에 '사과 데이'를 만든 목적은 무엇입니까? (   )

❶ 모두가 건강해지기 위해서
❷ 학교 폭력을 예방하기 위해서
❸ 사과나무를 많이 심기 위해서
❹ 우리나라의 과일을 알리기 위해서

2) 올해 '사과 데이'의 주제가 **아닌** 것은 무엇입니까? (   )

❶ 건강 ❷ 사과 ❸ 행복 ❹ 화해

3) 화해의 사과 나무에 적은 내용이 **아닌** 것은 무엇일까요? (   )

❶ "친구야 미안해."
❷ "너 나한테 사과해."
❸ "부모님 말씀 잘 들을게요."
❹ "여보, 미안해, 앞으로 잘 할게."

4) 글의 내용과 같으면 O표, 다르면 X표 하십시오.

❶ 매달 24일은 '사과 데이'다. (   )
❷ '사과 데이'를 통해서 사과도 많이 팔 수 있다. (   )
❸ 사과를 먹으면 피부도 좋아질 뿐만 아니라 건강에도 좋다. (   )
❹ '사과 데이'는 오해와 나쁜 감정이 있는 사람에게 자연스럽게 사과할 수 있는 날이다. (   )

말하기 · 쓰기 연습

1. 배운 문법을 사용해 친구에게 질문하고 대답하십시오.

질문	친구 1	친구 2
❶ 한국에 와서 실수한 적이 있어요? (–는다는 것이)		
❷ 혹시 실수를 할까 봐 하지 못한 일이 있어요? (–을까 봐)		
❸ 제가 가족하고 친구한테 잘못한 일이 있는데 어떻게 사과해야 할까요? (–지 그래요?, –는단 말이에요?)		
❹ 학교나 회사에서 제일 싫은 사람은 어떤 사람이에요? (–고도, –잖아요)		

2. 다음 글을 읽고 여러분이라면 어떻게 할지 써 보십시오. 그리고 친구와 같이 이야기해 보십시오.

저하고 아주 친한 친구가 있어요. 그 친구는 착한 데다가 공부도 잘 해서 인기도 많아요. 저희 엄마는 늘 저한테 그 친구처럼 하라고 해요. 그래서 그날은 기분도 나쁘고 해서 다른 친구한테 그 친구의 욕을 했어요. 그런데 그 친구가 그걸 들은 모양이에요. 그 친구는 너무 화가 나서 저하고 말도 안 해요. 전화를 받고도 대답도 안 하고 끊어 버려요. 정말 사과하고 싶은데 어떻게 사과하는 게 좋을까요? 제가 생각하는 첫 번째 방법은 편지예요. 편지를 써 가지고 친구 가방 속에 넣거나 책상 위에 올려놓는 거예요. 두 번째는 직접 만나서 미안하다고 사과하는 거예요. 세 번째는 선물을 사서 주는 거예요. 그런데 선물을 주면 친구가 오히려 더 기분 나빠할까 봐 걱정이에요. 어떤 방법이 제일 좋을지 가르쳐 주세요.

제 8 과 학교생활

8과 1항

어휘

1. 다음 [보기]에서 알맞은 말을 골라 빈 칸에 쓰십시오.

[보기] 교통편 준비물 행사 회비 회원

사랑의 김장 담그기

- 날짜 : 11월 20일 (토)
- 장소 : 시청 앞 광장
- ❶ (교통편) : 버스 (학교 정문 앞에서 오전 8시 30분에 출발합니다.)
- ❷ (   ) : 앞치마, 고무장갑

올해도 "사랑의 김장 담그기" ❸ (   )에 참가하려고 합니다. 봉사 동아리 '날개없는 천사' ❹ (   ) 모두가 나와 주실 거라고 믿습니다.

❺ (   )은/는 따로 내지 않으셔도 되고 점심도 무료로 드립니다.

2. 다음 [보기]에서 알맞은 말을 골라 빈 칸에 쓰십시오.

[보기] _박 _일 야유회 일정 전체 의논하다

❶ 이번 여행은 (1박 2일) ~~으로~~/로 간다. 오늘 떠나서 내일 돌아올 예정이다.

❷ 경주는 도시 (   )이/가 마치 박물관 같다.

❸ 문제가 생기면 누구하고 (   )어요/아요/여요?

❹ 지난번 여행은 여행사가 짠 (   )에 맞춰 다녀야 해서 제대로 관광을 할 수 없었다.

❺ 지난 주말에는 회사에서 남한산성으로 (   )을/를 가서 친구 집들이에는 가지 못했다.

문법

-으면서도

3. '-으면서도'를 사용해 문장을 완성하십시오.

❶ 담배가 건강에 나쁘다는 것을 알다. ① 담배를 끊었어요. (X)
② 담배를 계속 피워요. (O)

→ 담배가 건강에 나쁘다는 것을 알면서도 ~~으면서도/면서도~~ 담배를 계속 피워요.

❷ 돈이 있다. ① 친구에게 빌려 줬어요. (　　)
② 친구에게 빌려 주지 않았어요. (　　)

→ ______ 으면서도/면서도 ______.

❸ 돈이 별로 없다. ① 쓰기만 해요. (　　)
② 쓰지 못해요. (　　)

→ ______ 으면서도/면서도 ______.

❹ 단어의 뜻을 모른다. ① 안다고 말했어요. (　　)
② 모른다고 말했어요. (　　)

→ ______ 으면서도/면서도 ______.

❺ 두 사람은 서로 사랑한다. ① 결혼했어요. (　　)
② 결혼하지 않았어요. (　　)

→ ______.

❻ 그 사람이 잘못했다. ① 나한테 사과했어요. (　　)
② 나한테 사과하지 않았어요. (　　)

→ ______.

4. 다음 대화를 완성하십시오.

❶ 가 : 이 옷은 아주 얇은데 지금 입기에는 좀 춥지 않을까요?
나 : 아니요, 이 옷은 얇으면서도 ~~으면서도/면서도~~ 아주 따뜻해요.

❷ 가 : 그 친구가 부자 아니에요? 그 친구한테 도와 달라고 해 보세요.
나 : 그 친구는 ____________________으면서도/면서도 다른 사람을 도와주지 않아요.

❸ 가 : 살을 빼는 데는 운동만한 것이 없다는 걸 아시잖아요.
나 : ____________________으면서도/면서도 시작하기가 어렵네요.

❹ 가 : 샤오밍 씨는 그 이야기를 ____________________으면서도/면서도 아는 것처럼 말해요.
나 : 저는 샤오밍 씨가 그 이야기를 다 알고 있는 줄 알았는데 아니었어요?

❺ 가 : 저 학생은 시험을 잘 봤나요?
나 : 아니요. ____________________으면서도/면서도 저렇게 잠만 자네요.

❻ 가 : 선생님께서 왜 화가 나셨어요?
나 : 밍밍 씨가 ____________________으면서도/면서도 숙제를 다 했다고 거짓말을 했거든요.

-도록 하다

5. 다음 대화를 완성하십시오.

❶ 가 : 다음부터는 조심하세요.
나 : 네, 다시는 이런 실수를 하지 않도록 하겠습니다.

❷ 가 : 오늘은 강의가 많아서 내가 좀 바쁜데…….
나 : 네, 교수님, 그럼 다음에 ____________________도록 하겠습니다.

❸ 가 : 오늘까지 이 일을 다 끝내셔야 하는데요.
나 : 걱정하지 마세요. ____________________도록 하겠습니다.

❹ 가 : 내일 회의는 11시에 시작합니다. ____________________도록 하세요.
나 : 네, 일찍 오겠습니다.

⑤ 가 : 차를 여기에 세우시면 안 됩니다. 다음부터는 ________________ 도록 하세요.

나 : 죄송합니다. 다음부터는 꼭 주차장에 세우겠습니다.

⑥ 가 : 기침이 자꾸 나요.

나 : ________________ 도록 하세요. 훨씬 좋아질 거예요.

6. 다음 대화를 완성하십시오.

사장 : 출장 준비는 거의 다 됐지요? 서류 준비는 다 됐나요?

비서 : 아니요, 아직 안 됐습니다. ① 서류는 오늘 오후까지 준비해 놓도록 하겠습니다.

사장 : 비행기를 오후에 탔으면 좋겠는데……. 오후 비행기 표로 좀 바꿔 주세요.

비서 : 네, ② ________________ 도록 하겠습니다.

사장 : 비행기 표를 바꾸면 호텔 예약 날짜도 바뀌니까 확인해 보세요.

비서 : 네, ③ ________________ 도록 하겠습니다.

사장 : 아, 그리고 출장 가기 전에 회의를 했으면 좋겠는데……. 부장들한테 내일 오전에 회의가 있다고 연락 좀 해 주세요.

비서 : 네, ④ ________________ 도록 하겠습니다.

사장 : 미안한데 비행기에서 읽을 책도 좀 부탁해요.

비서 : 네, ⑤ ________________ 도록 하겠습니다.

사장 : 그리고 이번 토요일 김 과장 결혼식에 나 대신 참석 좀 해 주세요.

비서 : 네, 그럼 제가 ⑥ ________________ 도록 하겠습니다.

8과 2항

어휘

1. 다음 [보기]에서 알맞은 말을 골라 빈 칸에 쓰십시오.

[보기] 국적 기타 모국어 성명 성별 연락처

구직 신청서

❶ 성명 : 이 제니퍼 (Jennifer Lee) 3 급 16 반
❷ ________ : 캐나다
❸ ________ : 남 / (여)
❹ ________ : 영어
❺ ________ : 저는 아이들을 좋아합니다. 아이들을 가르치는 일이었으면 좋겠습니다.
❻ ________ : 010) 2112-1234

2. 다음 [보기]에서 알맞은 말을 골라 빈 칸에 쓰십시오.

[보기] 발음 억양 마침 교환하다 시간이 나다 포기하다

❶ 배달해 드린 물건에 이상이 있으면 바로 (교환해)~~어/아/여~~ 드리겠습니다.
❷ 제 친구는 일본에서 왔는데 'ㅇ' 받침 ( )이/가 정말 어렵대요.
❸ 그 학생은 발음은 좋은데 ( )이/가 자연스럽지 않은 것이 문제이다.
❹ 어렵다고 그만두면 어떻게 해? ( )지 말고 조금만 더 노력해 보자.
❺ 친구한테 전화를 하려고 하는데 ( ) 그 친구한테서 전화가 왔다.
❻ 약속이 취소되었기 때문에 두 시간 정도 ( )어서/아서/여서 영화를 봤다.

문법

어찌나 –는지

3. '어찌나 –는지'를 사용해 대화를 완성하십시오.

❶ 가 : 그 학생이 정말 열심히 공부해요?
나 : 네, 어찌나 열심히 하는지 ~~는지/은지/ㄴ지~~ 제가 깜짝 놀랐어요.

❷ 가 : 그곳이 그렇게 추워요?
나 : 네, ________________ 는지/은지/ㄴ지 얼어 죽는 줄 알았어요.

❸ 가 : 그 영화가 그렇게 재미있어요?
나 : 네, ________________ 는지/은지/ㄴ지 세 번을 봤는데 또 보고 싶어요.

❹ 가 : 밖에 바람이 많이 불어?
나 : 응, ________________ 는지/은지/ㄴ지 눈을 뜰 수가 없었어.

❺ 가 : 시험이 많이 어려웠어요?
나 : ________________ 는지/은지/ㄴ지 한 문제도 못 풀었어요.

❻ 가 : 잔칫집에서 많이 드셨어요?
나 : ________________ 는지/은지/ㄴ지 배가 터질 것 같아요.

4. 다음 [보기]에서 알맞은 말을 골라 빈 칸에 쓰십시오.

[보기] 맵다	보고 싶다	슬프다
아프다	많이 싸 주다	무섭게 야단을 치다

내 별명은 울보다. 어제도 하루 종일 울었다. 아침에 늦게 일어나서 학교에 늦었다. 선생님께서 지각을 자주 한다고 ❶어찌나 무섭게 야단을 치시는지~~는지/은지/ㄴ지~~ 울 수밖에 없었다. 수업이 끝나고 친구 집에 갔다. 친구 어머니를 보니까 갑자기 고향에 계신 어머니가 보고 싶어졌다. ❷ ________________ 는지/은지/ㄴ지 눈물이 났다. 눈물을 닦고 친구 어머니가 차려 주신 점심을 먹었다. 고추를 하나 입에 넣었는데 ❸ ________________ 는지/은지/ㄴ지 또 눈물이 났다. 식사를 하고 한국 영화 비디오를 봤다. 이야기가 ❹ ________________ 는지/은지/ㄴ지 한참을 울었다. 집에 오려고 하는데 친구 어머니가 음식을 많이 싸 주셨다. 음식을 ❺ ________________ 는지/은지/ㄴ지 무거워서 걸을 수가 없었다. 또 눈물이 나왔다. 지하철 역까지 걸어가다가 넘어졌다. ❻ ________________ 는지/은지/ㄴ지 눈물이 나왔다.

-고 말다

5. 다음 대화를 완성하십시오.

❶ 가 : 감기에 걸렸어요?
나 : 네, 독감이 유행이라고 해서 조심했는데 감기에 걸리고 말았어요.

❷ 가 : 두 사람이 헤어졌다면서요? 어떻게 된 일이에요?
나 : 부모님의 반대로 결국 ....고 말았대요.

❸ 가 : 지난번 사고로 다친 그 사람은 어떻게 되었대요?
나 : 의사들이 살리려고 많이 노력했는데 며칠 전에 ....고 말았대.

❹ 가 : 이 옷 굉장히 비쌀 텐데……. 돈이 없다고 하지 않으셨어요?
나 : 돈이 없어서 안 사려고 했는데 다들 잘 어울린다고 해서 ....고 말았어요.

❺ 가 : 동생 간식도 남겨 놓았지? 어디에다 두었니?
나 : 죄송해요. 너무 맛있어서 한 개 두 개 먹다 보니까 ....고 말았어요.

❻ 가 : 시험공부는 다 하셨어요?
나 : 아니요, 너무 피곤해서 잠깐 누웠다가 일어나려고 했는데 아침까지 ....고 말았어요.

6. 다음 [보기]에서 알맞은 말을 골라 빈 칸에 쓰십시오.

[보기]	보다	보이다	웃다	졸다	쫓겨나다	화를 내다

오늘 오후에 있었던 일입니다. 점심을 먹은 지 얼마 안 된데다가 햇볕도 따뜻해서 저는 그만 깜빡 ❶졸고 말았습니다. 저뿐만 아니라 몇몇 학생들이 졸고 있었나 봅니다. 그런데 선생님께서 이 모습을 ❷..................고 말았습니다. 선생님께서 우리들에게 자리에서 일어나라고 하시고 야단을 치시기 시작했습니다. 그런데 한 친구가 일어서서 야단을 맞으면서도 계속 졸았습니다. 그 모습이 어찌나 웃긴지 우리들은 소리 내어 ❸..................고 말았습니다. 선생님께서는 그런 우리들을 보시고 더 화를 내셨고 우리는 결국 교실에서 ❹..................고 말았습니다. 쉬는 시간이 됐지만 우리는 교실에 들어갈 수 없었습니다. 그런데 그때 거기를 지나가던 남자 친구에게 제 모습을 ❺..................고 말았습니다. 너무 창피했는데 남자 친구는 오후에 만나서도 계속 그 이야기만 했습니다. 그래서 저는 남자 친구에게 그만 ❻..................고 말았습니다.

8과 3항

어휘

1. 다음 [보기]에서 알맞은 말을 골라 빈 칸에 쓰십시오.

[보기] 고민 걱정 문제 의견 충고

미래가 ❶걱정되십니까?
직장을 계속 다녀야 할까 ❷ ________ 이십니까?/십니까?
상사와 ❸ ________ 이/가 맞지 않아 힘들지는 않으십니까?
다른 사람의 ❹ ________ 이/가 필요하다고 느끼신 적은 없으십니까?

"직장 생활에서 성공하는 비법"이 직장에서 생길 수 있는 모든 ❺ ________ 의 해결 방법을 알려 드립니다. 이 책을 읽는 순간 당신의 성공이 보일 겁니다.

2. 다음 [보기]에서 알맞은 말을 골라 빈 칸에 쓰십시오.

[보기] 표정 그냥 아무 아무리 말 못하다 어둡다

❶ 비도 오고 하니까 오늘은 (그냥) 집에서 쉬는 게 어때요?
❷ 친구 사이에 (   )을/ㄹ 고민이 뭐야? 이야기해 봐.
❸ 수지 씨는 시험에 합격하고 나서 (   )이/가 밝아졌다.
❹ 그 친구는 고향에 돌아간 뒤로 지금까지 (   ) 연락이 없다.
❺ 공부를 (   ) 열심히 해도 성적이 오르지 않아서 걱정이에요.
❻ 밍밍 씨한테 무슨 걱정이 있는지 요즘 얼굴이 (   )어/아/여 보인다.

문법

-고는

3. 관계있는 문장을 연결해서 한 문장으로 완성하십시오.

일기를 쓰다 •	• 건강해졌어요.
운전면허를 따다 •	• 공연장에 가지 않았어요.
거짓말을 하다 •	• 배탈이 나서 병원에 갔어요.
연극 표를 사다 •	• 곧 잠이 들었습니다.
팥빙수를 먹다 •	• 운전할 생각도 안 해요.
남배를 끊다 •	• 얼굴이 빨개졌습니다.

❶ 일기를 쓰고는 곧 잠이 들었습니다.
❷ ________ 고는 ________.
❸ ________ 고는 ________.
❹ ________ 고는 ________.
❺ ________ 고는 ________.
❻ ________ 고는 ________.

4. 다음 [보기]에서 알맞은 말을 골라 빈 칸에 쓰십시오.

[보기] 놓다 듣다 마시다 보다 사과하다 화해하지 않다

여자 친구는 저하고 데이트할 때 돈을 내지 않습니다. 오늘도 커피를 ❶ 마시고는 그냥 밖으로 나갔습니다. 그래서 저는 여자 친구를 불러서 오늘은 돈을 내라고 이야기했습니다. 여자 친구는 제 이야기를 ❷ ________ 고는 화를 냈습니다. 그리고 찻값을 테이블 위에 ❸ ________ 고는 나갔습니다. 오늘 학교에서 여자 친구를 봤습니다. 여자 친구는 나를 ❹ ________ 고는 더 큰 소리로 다른 친구와 웃으면서 이야기를 했습니다. 여자 친구와 싸우니까 마음이 너무 불편했습니다. ❺ ________ 고는 잠이 안 올 것 같아서 여자 친구에게 전화를 했습니다. 여자 친구도 제게 ❻ ________ 고는 앞으로 잘 지내자고 했습니다.

–을지도 모르다

5. 다음 그림을 보고 대화를 완성하십시오.

여자 : 왜 우산을 가지고 오셨어요?

남자 : ❶ 비가 올지도~~을지도/ㄹ지도~~ 몰라서 우산을 가지고 왔어요.

여자 : 덥지 않으세요? 왜 이렇게 두꺼운 옷을 입고 오셨어요?

남자 : ❷ .... 을지도/ㄹ지도 몰라서 두꺼운 옷을 입고 왔어요.

여자 : 지도는 왜 가지고 오셨어요?

남자 : ❸ .... 을지도/ㄹ지도 몰라서 가지고 왔어요.

여자 : 손전등은요?

남자 : ❹ .... 을지도/ㄹ지도 몰라서 가지고 왔지요.

여자 : 그런데 신문은 왜 가지고 오셨어요?

남자 : ❺ .... 을지도/ㄹ지도 몰라서 가지고 왔지요.

여자 : 어, 저기 가게가 있네요. 저기서 먹을 것 좀 사 가지고 갈까요?

남자 : ❻ .... 을지도/ㄹ지도 몰라서 제가 먹을 것도 가지고 왔으니까 그냥 가요.

여자 : 준비를 잘 해서 좋기는 한데 가방이 무거워서 힘들겠어요.

6. 다음 대화를 완성하십시오.

❶ 가 : 할머니께 전화 드렸어?
　나 : 아니, 주무시고 계실지도 ~~을지도/ㄹ지도~~ 몰라서 전화를 안 했어.

❷ 가 : 왜 항상 사전을 가지고 다니세요?
　나 : .... 을지도/ㄹ지도 몰라서요.

❸ 가 : 음식을 왜 그렇게 많이 시키세요?
　나 : .... 을지도/ㄹ지도 몰라서요.

❹ 가 : 왜 영어로 이야기하세요?
　나 : 사람들이 .... 을지도/ㄹ지도 몰라서 영어로 이야기해요.

❺ 가 : MP3를 사려고 하는데 10만 원 정도면 충분하겠지?
　나 : 글쎄. .... 을지도/ㄹ지도 모르니까 더 가지고 가 봐.

❻ 가 : 밤이 늦었는데 왜 안 주무세요?
　나 : .... 을지도/ㄹ지도 몰라서요. 남편이 출장을 가면 꼭 전화를 하는데 오늘은 아직 전화가 안 왔거든요.

8과 4항

어휘

1. 다음 [보기]에서 알맞은 말을 골라 빈 칸에 쓰십시오.

[보기] 상담 교사　　상담실　　신청서　　조언　　상담 받다

저희 ❶(상담실)을/를 찾아 주셔서 감사합니다. ❷(　　　　)기를 원하시는 분은 먼저 ❸(　　　　)을/를 작성해 주십시오. 원하는 시간과 상담 내용을 간단히 적어 주시면 저희가 ❹(　　　　)께 연락을 드려서 상담을 받을 수 있게 해 드립니다. 친절하고 경험이 많으신 분들이니까 좋은 ❺(　　　　)을/를 해 주실 겁니다. 궁금한 것이 있으면 전화로 연락해 주십시오.

2. 다음 [보기]에서 알맞은 말을 골라 빈 칸에 쓰십시오.

[보기] 면접시험　　성적표　　원서　　입학하다　　접수 시키다

❶ 시험을 본 후 시험 결과를 알려주는 것 → (성적표)
❷ 신청서 같은 서류를 내다 → (　　　　)
❸ 학교에 들어가 학생이 되다 → (　　　　)
❹ 직접 만나서 질문에 대답하는 시험 → (　　　　)
❺ 회사나 학교에 지원하는 내용을 적은 서류 → (　　　　)

문법

-으면 되다

3. 다음 표에 표시하고 문장을 완성하십시오.

① 한국말을 잘 하고 싶다.	☐ 한국에 유학 온다. ☑ 한국 친구를 사귄다. ☐ 한국 영화를 많이 본다.
② 옷이 잘 안 맞는다.	☐ 교환한다. ☐ 수선한다. ☐ 환불한다.
③ 여자 친구가 화가 났다.	☐ 꽃을 선물한다. ☐ 진심으로 사과한다. ☐ 아무 일 없는 것처럼 행동한다.
④ 텔레비전을 싸게 사고 싶다.	☐ 인터넷으로 산다. ☐ 중고 텔레비전을 산다. ☐ 전자 상가에 가서 산다.
⑤ 한국 요리를 하고 싶다.	☐ 요리책을 본다. ☐ 한국 친구에게 물어본다. ☐ ....
⑥ 커피를 옷에 흘렸다.	☐ 물로 빤다. ☐ 세탁소에 맡긴다. ☐ ....

① 한국말을 잘 하려면 한국 친구를 사귀면~~으면/면~~ 돼요.

② 옷이 잘 안 맞으면 .... 으면/면 돼요.

③ 여자 친구가 화가 났을 때에는 .... 으면/면 돼요.

④ 텔레비전을 싸게 사고 싶으면 .... 으면/면 돼요.

⑤ 한국 요리를 하고 싶으면 .... 으면/면 돼요.

⑥ 커피를 흘렸을 때에는 옷을 .... 으면/면 돼요.

4. 다음 대화를 완성하십시오.

❶ 가 : 선생님, 입학 원서는 언제까지 내야 해요?

나 : 1월 27일까지만 내면~~으면/면~~ 돼요.

❷ 가 : 외국인 노래자랑은 누구나 참가할 수 있어요?

나 : 네, ____________________으면/면 돼요.

❸ 가 : 4급에 꼭 올라가고 싶어요.

나 : 결석을 많이 하지 않고 ____________________으면/면 돼요.

❹ 가 : 국이 너무 짠 거 같은데 어떻게 하지요?

나 : ____________________으면/면 되니까 걱정하지 마세요.

❺ 가 : 어떻게 하면 시험을 잘 볼 수 있을까요?

나 : ____________________으면/면 돼요.

❻ 가 : 여행 갈 준비는 다 끝났어요?

나 : 네, 이제 ____________________으면/면 돼요.

이라서

5. 다음 달력을 보고 대화를 완성하십시오.

10월

일	월	화	수	목	금	토
			1	2	3 개천절	4
5 ──	6 추석 ──	7 ──→	8	9 한글날	10	11 오늘
12 어머니 생신	13	14	15	16	17	18
19	20 중간시험 ──	21 ──	22 ──	23 ──	24 ──→	25 결혼기념일
26	27	28	29	30	31 백화점 세일 ──	──→

❶ 가 : 오늘 왜 이렇게 사람이 많지?

나 : 토요일이라서~~이라서/라서~~ 그래요.

❷ 가 : 이번 추석에 고향에 다녀오려고 하는데 오늘 비행기 표를 살 수 있을까요?

나 : 글쎄요. 추석 ....이라서/라서 비행기 표를 구하기가 어려울 걸요.

❸ 가 : 내일 약속이 없으면 같이 식사하지 않을래요?

나 : 미안해요. 내일은 ....이라서/라서 가족들끼리 식사를 할 거예요.

❹ 가 : 우리 20일에 만나기로 했잖아요. 같이 도서관에서 공부하는 게 어때요?

나 : 20일부터 24일까지는 ....이라서/라서 도서관에 자리가 없을 거예요. 그냥 우리가 만나던 카페에서 만나지요.

❺ 가 : 이번 중간시험이 끝나고 나서 여행을 간다면서요?

나 : 네, 25일이 ....이라서/라서 제주도로 여행을 다녀올 거예요.

❻ 가 : 31일 약속이요, 백화점에서 만나서 밥도 먹고 쇼핑도 하는 게 어때요?

나 : 31일부터는 ....이라서/라서 백화점에 사람이 많을 거예요. 다른 곳에서 만나는 게 어때요?

6. 다음 이야기를 완성하십시오.

오늘은 설날이다. 고향에 돌아가지 않은 동생과 나는 창덕궁에 가기로 했다. 동생도 나도 창덕궁에 가는 것은 ❶ 처음이라서~~이라서/라서~~ 한참을 헤맸다. 입장권을 사려고 하는데 ❷ ______ 이라서/라서 외국인은 무료 입장이라고 했다. 들어가서 사진도 찍고 한국 전통 놀이도 해 봤다. 그런데 몇몇 곳은 ❸ ______ 이라서/라서 들어가지 못했다. 올봄이 되어야 공사가 끝난다고 하니까 그때 다시 와 봐야겠다. 창덕궁에서 나와서 점심을 먹으려고 했는데 ❹ ______ 이라서/라서 문을 닫은 곳이 많았다. 한국 친구에게 창덕궁 근처 식당에 대해서 물어보려고 전화를 했다. 여러 번 걸었지만 계속 ❺ ______ 이라서/라서 할 수 없이 집으로 돌아왔다. 조금 쉬었다가 고향에 계신 부모님께 전화를 드렸는데 받지 않으셨다. 부모님도 ❻ ______ 이라서/라서 할머니 댁에 가신 모양이다.

8과 5항

어휘와 문법

1. 다음 [보기]에서 알맞은 말을 골라 빈 칸에 쓰십시오.

[보기]				
기타	고민	모국어	상담	성별
신청	일정	준비물	충고	회원

❶ 그밖에 (　　　)
❷ 자기 나라 말 (　　　)
❸ 남자와 여자의 구별 (　　　)
❹ 어떤 모임에 가입한 사람 (　　　)
❺ 정해진 기간 동안 매일 해야 할 일 (　　　)
❻ 어떤 일을 해 줄 것을 요구하는 것 (　　　)
❼ 앞으로 할 일에 필요해 미리 준비한 물건 (　　　)
❽ 걱정이 있어서 괴로워하거나 답답해하는 것 (　　　)
❾ 개인의 어려운 문제를 경험이 많은 사람과 이야기하는 것 (　　　)
❿ 다른 사람의 잘못이나 고쳐야 할 것에 대해 진심으로 이야기하는 것 (　　　)

2. 다음 [보기]에서 알맞은 말을 골라 빈 칸에 쓰십시오.

[보기]				
원서	일정	마침	아무	아무리
어찌나	시간이 나다	어둡다	의논하다	포기하다

❶ 그 사람은 (　　　) 설명을 해도 이해를 못 해요.
❷ 오늘 너한테 가려던 참이었는데 (　　　) 잘 왔다.
❸ 친구 문제는 선생님과 (　　　)는/은/ㄴ 게 어때요?
❹ 조그만 아이가 (　　　) 많이 먹는지 깜짝 놀랐어요.
❺ 행사 (　　　)은/는 홈페이지를 참고하시기 바랍니다.
❻ 무슨 걱정이 있는지 그 사람 표정이 (　　　)는다/ㄴ다/다.
❼ 머리가 아프다고 해서 그렇게 (　　　) 약이나 먹으면 안 돼요.
❽ 그 사람은 여러 가지 이유로 프랑스 유학을 (　　　)고 취직했다.
❾ 일하다가 잠깐 (　　　)으면/면 고향에 계신 부모님께 전화를 한다.
❿ 입사 (　　　)을/를 낸 회사에서 면접시험을 보러 오라는 연락이 왔다.

3. 다음 대화를 완성하십시오.

❶ 가 : ________________ 으면서도/면서도 돈을 안 쓰는 사람을 뭐라고 해요?
나 : 구두쇠라고 해요.

❷ 가 : 내일은 늦지 말고 일찍 오세요.
나 : 네, ________________ 도록 하겠습니다.

❸ 가 : 얼마 전부터 중국어 공부를 시작했다면서요?
나 : 네, 그런데 발음이 어찌나 ________________ 는지/은지/ㄴ지 벌써 포기하고 싶어져요.

❹ 가 : 아이가 컴퓨터 게임을 좋아하나 봐요.
나 : 네, 컴퓨터 게임을 어찌나 ________________ 는지/은지/ㄴ지 휴일이면 하루 종일 게임만 해요.

❺ 가 : 표정이 왜 그래? 무슨 일 있어?
나 : 중요한 서류를 ________________ 고 말았어. 오늘 사장님이 그 서류를 찾으실 텐데 어떻게 하지?

❻ 가 : 밍밍 씨가 우울해 보이던데요.
나 : 고향에서 온 전화를 ________________ 고는 하루 종일 저래요. 무슨 일이 있나 봐요.

❼ 가 : 약속 시간을 왜 손바닥에다가 적어요?
나 : 안 그러면 ________________ 을지도/ㄹ지도 몰라서요.

❽ 가 : 내일 이사하신다면서요? 이사할 준비는 다 하셨어요?
나 : 네, 이제 ________________ 으면/면 돼요.

❾ 가 : 사진 좀 찍어 주세요.
나 : 네, 그러지요. 이 버튼만 ________________ 으면/면 되지요?

❿ 가 : 7, 8월에는 비행기 표를 사기가 어렵다면서요?
나 : 네, ________________ 이라서/라서 그래요.

4. 다음 중 맞는 문장에 ○표 하십시오.

❶ 그 물건이 비싼데도 샀어요. ( )
그 물건이 비싸면서도 샀어요. ( )

❷ 내일까지 꼭 써 오도록 합니다. ( )
내일까지 꼭 써 오도록 하겠습니다. ( )

❸ 어찌나 많이 웃은지 배가 다 아팠어요. ( )
어찌나 많이 웃었는지 배가 다 아팠어요. ( )

❹ 조심했지만 감기가 낫고 말았어요. ( )
조심했지만 감기에 걸리고 말았어요. ( )

❺ 그 사람은 옷을 입고는 벗었다. ( )
그 사람은 옷을 입고는 밖으로 나갔다. ( )

❻ 시험 기간이라서 도서관에 자리가 없어요. ( )
시험 기간이라서 도서관에서 공부합시다. ( )

듣기 연습

CD: 18~19

1. 대화를 듣고 질문에 대답하십시오.

1) 두 사람은 무슨 일 때문에 전화를 했습니까? (   )

① 친구를 소개하려고
② 언어 교환을 하려고
③ 안부 인사를 전하려고
④ 아르바이트를 소개하려고

2) 들은 내용과 같으면 ○표, 다르면 ×표 하십시오.

① 이 두 사람은 친한 친구 사이이다. (   )
② 여자는 한국어를 배우고 싶어하고 남자는 중국어를 배우고 싶어한다. (   )
③ 남자는 여자에게 외국어를 가르쳐 주는 대신에 돈을 받을 것이다. (   )
④ 남자는 토요일마다 아르바이트를 한다. (   )
⑤ 두 사람은 매주 토요일 오전에 만날 것이다. (   )

2. 대화를 듣고 질문에 대답하십시오.

1) 두 사람이 대화하는 곳은 어디입니까? (   )

① 교실
② 상담실
③ 동아리 방
④ 출입국 관리 사무소

2) 들은 내용과 같은 것을 고르십시오. (   )

① 이 학교는 오전에만 수업이 있다.
② 이 남자는 지금 아르바이트를 하고 있다.
③ 이 학교에서 공부하기만 하면 취업 비자를 받을 수 있다.
④ 이 남자는 아르바이트 자리를 부탁하려고 선생님을 찾아왔다.

읽기 연습

1. 다음 글을 읽고 질문에 대답하십시오.

연세 신문

청소년들의 가장 큰 고민은 역시 학교 성적

서울시가 청소년 750명을 조사한 결과 74%인 573명이 학교 성적을 가장 큰 고민거리로 꼽았다. 16%는 용돈이 적은 것이, 13%는 부모님과의 의견 차이가 고민이라고 답했다.

그렇다면 이런 고민거리가 있을 때에는 주로 누구와 의논할까? 절반에 가까운 48%는 친구라고 답했다. 그리고 어머니가 24%로 그 뒤를 이었지만 아버지와 고민거리를 의논한다고 대답한 청소년은 0.7% 밖에 없었다.

또 학교 성적이나 교육에 누가 관심을 보이냐는 질문에 대해서도 어머니라고 대답한 청소년은 44%였으나 아버지라는 응답은 7% 밖에 나오지 않아 아버지보다는 어머니와 더 가까운 관계임을 보여줬다.

1) 다음은 자신의 고민을 적은 글입니다. 서울에 사는 청소년들이 고민하는 문제와는 **다른** 문제를 고민하는 사람을 고르십시오. (　　　　)

❶ 태우 : 필요한 돈보다 용돈이 적어요.
❷ 유카 : 아버지와 대화하는 일이 거의 없어요.
❸ 수지 : 열심히 공부해도 성적이 오르지 않아요.
❹ 승연 : 우리 부모님은 제 생각을 잘 이해하지 못 하세요.

2) 글의 내용과 같으면 ○표, 다르면 ×표 하십시오.

❶ 이 글은 한국 대학생 750명을 조사한 결과이다. (　　　　)
❷ 청소년들은 고민이 있을 때 어머니와 가장 많이 의논한다. (　　　　)
❸ 청소년들의 교육에는 어머니보다 아버지가 더 관심을 갖고 있다. (　　　　)
❹ 청소년들은 아버지보다는 어머니와 더 가깝게 지내는 편이다. (　　　　)

2. 다음은 안드레이 씨의 일기입니다. 읽고 질문에 대답하십시오.

6월 14일 흐림

며칠 동안 날씨가 흐려서 그런지 공부도 안 되고 너무 힘들다. 날씨 때문만은 아닌 걸 알면서도 날씨 때문이라고 말하고 싶다.

사실은 교실에서 처음 유카 씨를 본 날부터 유카 씨를 좋아하게 되었다. 첫날 자기소개 시간에 남자 친구가 있다고 해서 포기했었는데 연극대회 준비를 하면서 더 좋아졌다. 좋아하면 안 된다고 생각하니까 더 좋아하게 되는 것 같았다.

그런데 얼마 전에 유카 씨에게 연락이 왔다. 친구들과 술을 마시고 있는데 같이 마시지 않겠냐고 했다. 나는 전화를 끊자마자 술집으로 뛰어갔다. 다른 친구들도 있었지만 내 눈에는 유카 씨만 보였다. 그런데 그날 유카 씨는 우울해 보였다. 남자 친구하고 헤어졌다고 했다. 그 말을 듣고 속으로는 기뻤지만 나는 유카 씨에게 아무 말도 할 수 없었다. 처음 만났을 때부터 좋아했다고 말해도 될까? 사귀자고 했는데 거절 당하면 어떻게 하지? 며칠 동안 이 생각만 하니까 머리도 아프고 식욕도 없다.

1) 이 사람이 고민하는 것은 무엇입니까? 쓰십시오.

2) 글의 내용과 같으면 ○표, 다르면 ×표 하십시오.

❶ 안드레이 씨가 지금 힘든 이유는 날씨 때문이다. (　　)

❷ 안드레이 씨가 유카 씨를 처음 만났을 때 유카 씨는 남자 친구가 있었다. (　　)

❸ 연극 대회를 준비하면서 안드레이 씨는 유카 씨에게 실망했다. (　　)

❹ 안드레이 씨는 유카 씨에게 좋아한다고 고백했지만 거절 당했다. (　　)

말하기 · 쓰기 연습

1. 배운 문법을 사용해 친구에게 질문하고 대답하십시오.

질문	친구 1	친구 2
❶ 여러분은 야유회를 다녀온 적이 있습니까? 언제, 어디로 다녀왔습니까? 어땠습니까? (어찌나 –는지)		
❷ 여러분이 할 수 있는 외국어는 무엇입니까? 외국어를 잘 하는 비법이 있으면 이야기해 주십시오. (–도록 하다, –으면 되다)		
❸ 여러분은 지금 어떤 고민이 있습니까? 고민이 있을 때 누구와 의논합니까? 여러분은 친구들의 고민을 잘 들어주는 편입니까? (–으면서도, 이라서, 어찌나 –는지)		
❹ 여러분은 학교 상담실을 이용해 본 일이 있습니까? 상담실을 이용하려면 어떻게 해야 하는지 이야기해 주십시오. (–고는, –으면 되다)		

2. 다음 글을 읽고 여러분이라면 어떻게 할지 써 보십시오. 그리고 친구와 같이 이야기해 보십시오.

나는 미국에서 온 교포이다. 한국에 대해서 알고 싶어서 이번 학기에 한국에 왔다. 어렸을 때부터 엄마, 아빠와 한국말로 이야기해서 말하기는 어느 정도 할 수 있다. 하지만 쓰기는 맞춤법도 잘 모르고 문법도 어려워서 너무 힘들다. 지난 중간시험 점수는 말하기가 82점, 듣기 78점, 읽기가 60점, 쓰기가 61점이었다.

선생님께서는 4급에 올라갈 수는 있지만 3급을 다시 한 번 공부하는 게 어떠냐고 하셨다. 한국말을 잘 하려면 선생님 말씀처럼 다시 공부하는 게 좋겠지만 시간과 돈을 생각하면 4급에 가는 것이 나을 것 같다. 6개월 후에는 고향으로 돌아가야 하는데 어떻게 해야 할지 모르겠다.

쉼터 4 - 퍼즐 게임

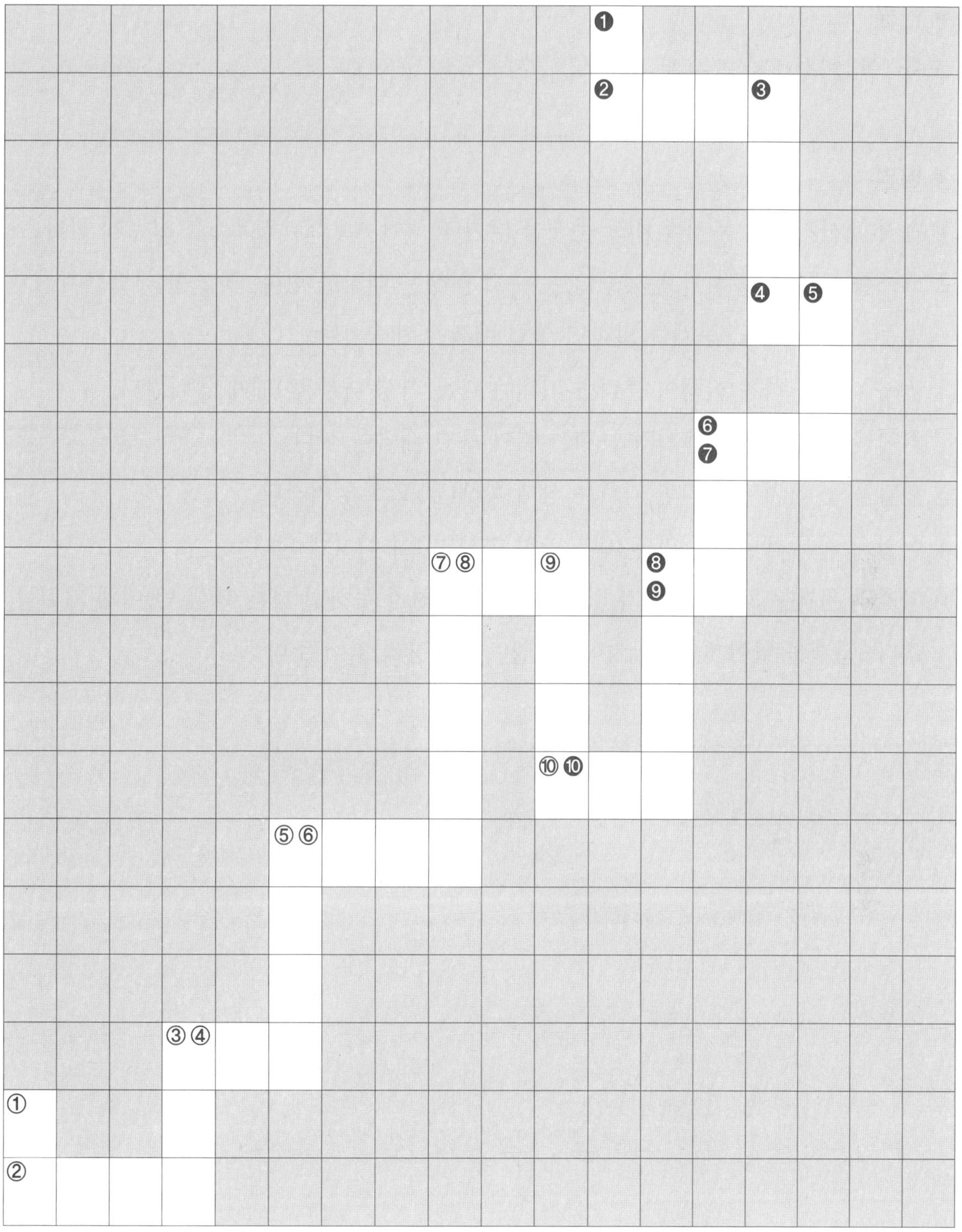

[게임 방법]

● 인원

교사 1인, 학생 2명 또는 두 팀

● 방법

1. 먼저 교사가 1)번 문제를 내고 문제를 맞힌 학생이 A코스나 B코스를 고르게 한다.
2. 코스를 고른 후 교사가 문제를 읽어 주고 학생은 대답을 한다. 맞으면 네모칸에 맞는 단어를 쓴다. 문제를 맞히면 틀릴 때까지 계속한다.
3. 먼저 대답을 하는 학생이 틀리면 기회는 다른 학생(다른 팀)에게 돌아간다.
   역시 같은 방법으로 교사가 문제를 읽어 주면 대답을 한다.
   대답을 못 하거나 틀리면 기회는 상대 학생(팀)으로 넘어간다.
4. 이렇게 해서 제일 마지막 문제를 맞힌 학생(팀)이 이기게 된다.
   마지막 문제는 3번의 기회가 있다. 처음에 맞히지 못하면 다른 학생(팀)에게 기회를 준다. 문제를 읽어 줄 때 마지막 문제는 한 문장씩 읽어 준다.

문제1) 연극이나 영화에서 배우가 하는 말을 뭐라고 할까요?

◯코스	●코스
② 자기의 잘못을 인정하고 용서를 빌다 ③ 흥겹고 기분이 좋다 음악이 ○○○. ④ 새로 나온 상품 ⑤ 미생물의 작용으로 변화된 식품 김치, 치즈, 요구르트는 대표적인 ○○○○이다. ⑥ 어떤 사실이나 생각 등을 공식적으로 알리다 연극 대회 심사 결과를 ○○○○. ⑦ 어떤 모습의 기억이 지워지지 않고 오랫동안 생각에 남는 것 ⑧ 사람을 그린 그림 ⑨ 눈이 부시게 아름답고 보기 좋다 옷이 ○○○○. ⑩ · 글 등을 고치거나 정리하다 · 야채나 생선 중에 못 쓸 부분을 골라서 떼거나 버리다 · (몸이나 옷차림을) 보기 좋게 만지거나 손질하다 머리를 ○○○.	❷ 장구, 북, 징, 꽹과리, 이 네 가지 악기를 가지고 하는 연주 ❸ 말이나 글의 뜻을 알다, 다른 사람의 마음을 잘 알아주다 ❹ 일정한 시간이 지난 후 ○○부터는 약속을 꼭 지키세요. ❺ 음악을 연주하고 듣는 행사 ❻ 같은 학교에서 공부한 사람들의 모임 ❼ 컴퓨터 모니터의 화면이 텔레비전의 화면처럼 움직이는 것 홈페이지에 들어가면 자세한 설명과 함께 ○○○도 보실 수 있습니다. ❽ 실제로는 없거나 보이지 않는 것을 생각 속에 꾸미는 것 ❾ 어려운 문제에 대해 경험이 많은 사람과 이야기하다. ❿ 글 등을 고치거나 정리하다 · 야채나 생선 중에 못 쓸 부분을 골라서 떼거나 버리다 · (몸이나 옷차림을) 보기 좋게 만지거나 손질하다 머리를 ○○○.

제 9 과 부탁과 거절

9과 1항

어휘

1. 다음 [보기]에서 알맞은 말을 골라 빈 칸에 쓰십시오.

[보기] 부탁을 들어주다　부탁을 받다　부탁을 하다　거절하다　거절을 당하다

태우 : "돈 좀 빌려 줄 수 있니?" 승연 : "돈을 빌려 달라고? 알았어. 빌려 줄게."	태우는 승연이한테 돈을 빌려 달라는 ❶ 부탁을 했다 ~~었다/았다/였다~~. 승연이는 태우한테 ❷ ______ 었다/았다/였다. 승연이는 태우의 ❸ ______ 는다/ㄴ다.
수지 : "대사관에 같이 가 줄 수 있니?" 유카 : "나, 내일 약속이 있어서 안 돼." 수지 : "안 된다고? 그럼, 할 수 없지 뭐."	수지는 유카한테 ❹ ______ 었다/았다/였다. 유카는 수지의 부탁을 ❺ ______ 었다/았다/였다. 수지는 유카한테서 ❻ ______ 었다/았다/였다.

2. 다음 [보기]에서 알맞은 말을 골라 빈 칸에 쓰십시오.

[보기] 동료　뭐　갑자기　어쩐지　남다　밤을 새우다

❶ 이번 주말에 회사 (동료) ~~이~~/가 부산에서 결혼을 해서 거기에 가야 합니다.
❷ 집에 오는데 ( ) 비가 와서 옷이 다 젖었어요.
❸ 음식이 너무 많이 ( )어서/아서/여서 친구들한테 싸 주었어요.
❹ 보고서를 쓰느라고 어제 ( )어서/아서/여서 지금 정신이 하나도 없어요.
❺ 친구가 병원에 입원해서 ( ) 좀 사 가지고 가고 싶은데 어떤 게 좋을까요?
❻ 가 : 내일 고향에서 친한 친구가 올 거예요.
　나 : ( ) 그래서 그렇게 기분이 좋군요.

문법

-기는요

3. 다음 대화를 완성하십시오.

❶ 가 : 요리를 잘 하시네요.

나 : 잘 하기는요. 그냥 요리하는 걸 좋아할 뿐이에요.

❷ 가 : 발음이 좋네요.

나 : ________________ 기는요. 연습을 더 해야 하는데요.

❸ 가 : 술을 안 좋아하세요?

나 : ________________ 기는요. 의사 선생님이 마시지 말라고 해서 안 마시는 거예요.

❹ 가 : 이삿짐 정리는 다 했니?

나 : ________________ 기는. 이번 주 내내 해야 할 것 같은데.

❺ 가 : 도와주지 못해서 미안해.

나 : ________________ 기는. 내가 너무 무리한 부탁을 해서 더 미안한데.

❻ 가 : 탁구를 정말 잘 치시네요.

나 : ________________ 기는요. 그냥 취미로 조금 칠 뿐이에요.

4. '-기는요'를 사용해 대화를 완성하십시오.

수지 : 어제 노래방에서 보니까 밍밍 씨가 노래를 아주 잘 하던데요.

밍밍 : ❶잘 하기는요. 노래 부르는 걸 좋아할 뿐이에요.

수지 : 춤도 잘 춘다고 하던데 사실이에요?

밍밍 : ❷ ________________ 기는요. 학교 다닐 때 댄스 동아리에서 좀 배웠을 뿐이에요.

수지 : 학교 다닐 때 공부도 잘 했지요?

밍밍 : ❸ ________________ 기는요. 그냥 열심히 했어요.

수지 : 이래서 밍밍 씨가 친구들한테 인기가 많은가 봐요.

밍밍 : ❹ ________________ . 그렇게 칭찬을 하시니까 부끄럽잖아요.

수지 : 그런데 밍밍 씨 친구인 샤오밍 씨는 좀 무뚝뚝한 것 같아요.

밍밍 : ❺ ________________ . 얼마나 친절한데요.

수지 : 그래요? 저는 무뚝뚝한 줄 알았어요. 말이 없어서요.

밍밍 : ❻ ________________ . 재미있는 농담을 얼마나 잘 하는지 몰라요.

-느라고

5. '-느라고'를 사용해 대화를 완성하십시오.

❶ 가 : 요즘 왜 그렇게 바빠요?
나 : 결혼 준비를 하느라고 바빠요. 제 결혼식이 일주일밖에 안 남았거든요.

❷ 가 : 요즘 왜 전화도 안 하니?
나 : 미안해. ________________ 느라고 못했어. 시험이 끝나면 한번 만나자.

❸ 가 : 왜 이렇게 늦었니?
나 : ________________ 느라고 늦었어. 빨리 새 하숙집을 구해야 할 텐데.

❹ 가 : 수연 씨, 아주 힘들어 보이네요.
나 : 네, ________________. 공연이 끝나면 연락할게요.

❺ 가 : 어제는 모임에 왜 안 왔어요?
나 : ________________. 고향에서 부모님이 오셨거든요.

❻ 가 : 하루 종일 뭐 하느라고 식사도 못했어?
나 : ________________. 집이 너무 더러워서 시간이 많이 걸렸어요.

6. 다음 표를 보고 '-느라고'를 사용해 문장을 완성하십시오.

수지	에릭	히로시	유카	올가	안드레이
텔레비전에서 내가 좋아하는 영화를 하고 있었다. 영화를 보고 잤다.	친구가 고민이 있다고 술을 마시자고 했다. 2시까지 마셨다.	친구가 아파서 내가 대신 아르바이트를 했다. 하루 종일 해서 정말 피곤했다.	이모가 오라고 해서 이모 댁에 갔다가 왔다. 시간이 많이 걸렸다.	동생이 갑자기 아팠다. 밤새도록 간호를 했다.	회사에서 밀린 일을 했다. 12시에 퇴근했다.

선생님 : 시험공부 많이 했어요? 네? 못 하다니요? 왜요?

❶ 수지 : 좋아하는 영화를 보느라고 시험공부를 못 했어요.
❷ 에릭 : ________________ 느라고 ________________.
❸ 히로시 : ________________ 느라고 ________________.
❹ 유카 : ________________.
❺ 올가 : ________________.
❻ 안드레이 : ________________.

9과 2항

어휘

1. 상황에 맞게 문장을 만드십시오.

❶ 처음 보는 사람한테 길을 물을 때
실례지만 길 좀 묻겠습니다.

❷ 윗사람과의 약속을 미뤄야 할 때
죄송하지만 ……………………

❸ 윗사람한테 인사를 간다고 전화할 때
오늘 시간이 있으세요? ……………………

❹ 지나가는 사람한테 사진 촬영을 부탁할 때
실례지만 ……………………

❺ 식당에서 자리가 없어서 모르는 사람과 같이 앉아야 할 때
실례지만 ……………………

2. 다음 [보기]에서 알맞은 말을 골라 빈 칸에 쓰십시오.

[보기] 기린 발짝 내밀다 누르다 물러나다 지나가다

❶ 동물원에 가서 (기린)을/~~를~~ 봤는데 정말 목이 길었어요.
❷ 시계가 없어서 ( )는 사람한테 시간을 물어봤다.
❸ 문 옆에 있는 벨을 ( )으면/면 직원이 나올 거예요.
❹ 얼굴이 너무 작게 나오니까 한 ( )만 앞으로 나와 주세요.
❺ 그 아이는 갑자기 손을 ( )으면서/면서 돈을 달라고 했다.
❻ 지금 지하철이 들어오고 있으니까 한 걸음 뒤로 ( )어/아/여 주십시오.

아, 저, 자

3. 다음 [보기]에서 알맞은 말을 골라 빈 칸에 쓰십시오.

[보기]	아	저	자	글쎄요	있잖아	저기요

담화표지	상황	예문
❶ 저	말을 시작하기가 어려울 때	(저), 할 말이 있는데요.
❷ ______	놀라거나 당황했을 때 급할 때	( ), 무서워.
❸ ______	지나가는 사람을 부를 때 말을 시작하기가 어려울 때	( ), 혹시 이 근처에 은행이 있나요?
❹ ______	어떤 것을 강조하거나 확인할 때	( ), 그 말이 사실이래. ( ), 그 사람이 유명한 배우였대.
❺ ______	다른 사람의 말이나 행동에 대답하기 어렵거나 생각하는 시간이 필요할 때	( ), 잘 모르겠는데요.
❻ ______	사람의 관심이나 주의를 끌고 싶을 때	( ), 저를 보세요. ( ), 그만 갑시다.

4. 다음 대화를 완성하십시오.

❶ 가 : ____어____, 내 안경 어디 있지?
나 : 저기 식탁 위에 있잖아.

❷ 가 : __________, 이제 슬슬 일어날까요?
나 : 네, 가요.

❸ 가 : __________, 공기밥 하나 더 주세요.
나 : 네, 잠깐만 기다리세요. 곧 갖다 드릴게요.

❹ 가 : 우리가 지난번에 학생 식당에서 먹었던 그 음식이 뭐지?
나 : __________, 뭐더라.

❺ 가 : __________, 아까 만난 그 사람이 이 회사 사장이래.
나 : 정말이야? 그냥 직원인 줄 알았는데.

❻ 가 : __________, 잠깐 할 얘기가 있는데 시간이 있으세요?
나 : 무슨 일이신데요?

-게

5. 다음 문장을 완성하십시오.

❶ 모두들 알 수 있게 좀 쉽게 설명해 주세요.

❷ 감기에 ....게 옷을 많이 입히세요.

❸ 운동을 할 땐 ....게 조심하십시오.

❹ 엄마, 극장에 ....게 용돈 좀 주세요.

❺ 아주머니, 여기 음식을 덜어 ....게 그릇 좀 갖다가 주세요.

❻ 사진이 또 떨어졌네요. 이번에는 ....지 않게 잘 붙여 주세요.

6. 다음 그림을 보고 문장을 만드십시오.

❶

공연에 방해가 됩니다.

❷

뒷사람이 볼 수 없습니다.

❸

아이들이 먹으면 위험합니다.

❹

속도를 줄이지 않으면 사고가 납니다.

❺

떠들면 다른 사람에게 방해가 됩니다.

❻

포장을 잘못하면 깨질 수 있습니다.

❶ 공연에 방해가 되지 않게 휴대 전화를 꺼 주십시오.

❷ ....게 일어서지 마십시오.

❸ ....게 높은 곳에 올려 놓으십시오.

❹ ....게 ....

❺ ....게 ....

❻ ....게 ....

YONSEI WORKBOOK 3

9과 3항

어휘

1. 다음 중 빈 칸에 들어갈 수 **없는** 말을 고르십시오.

1) 신문에 ________ 단어가 많아서 아무리 읽어도 이해할 수 없어요. (③)

①어렵다 ②모르다 ③힘들다

2) 요즘 ________ 은/ㄴ 문제가 많아요. ( )

①어렵다 ②안 되다 ③힘들다

3) 그런 질문은 대답하기가 ________ 어요/아요/여요. ( )

①안 되다 ②어렵다 ③힘들다

4) 오늘까지 그 일을 끝내는 것은 ________ 은/ㄴ 일이에요. ( )

①안 되다 ②어렵다 ③불가능하다

5) 생활이 ________ 어서/아서/여서 대학에 가는 걸 포기했어요. ( )

①어렵다 ②힘들다 ③불가능하다

2. 다음 빈 칸에 공통으로 들어갈 말을 [보기]에서 골라 쓰십시오.

[보기] 발표 부탁 순서 지방 출장

❶ ○○ 대학 (지방)
○○ 출장
○○ 출신

❷ 해외 ○○ ( )
○○비
○○ 중

❸ ○○을/를 하다 ( )
○○을/를 듣다
○○을/를 준비하다

❹ ○○을/를 지키다 ( )
○○을/를 기다리다
○○을/를 바꾸다

❺ ○○을/를 하다 ( )
○○을/를 들어주다
○○을/를 거절하다

-다니

3. 다음 표를 보고 '-다니'를 사용해 문장을 만드십시오.

❶ 아이를 제일 많이 낳은 여자 : 바실리에드 (러시아) 69명
❷ 세상에서 제일 작은 책 : 가로, 세로 3.5mm
❸ 딸꾹질을 제일 오래 한 사람 : 찰스 오스본 (미국) 69년
❹ 키가 제일 큰 사람 : 로봇 피싱 와들로우 (미국) 272cm
❺ 한국에서 제일 긴 이름 : 황금독수리하늘을날며세상을놀라게하다
❻ 세상에서 제일 비싼 커피 : 코피 루왁 (인도네시아) 한 잔에 오만 원

❶ 아이를 69명이나 낳다니 믿을 수 없어요.
❷ ....
❸ ....
❹ ....
❺ ....
❻ ....

YONSEI WORKBOOK 3

4. 다음 기사를 읽고 '-다니'를 사용해 문장을 완성하십시오.

> 12월 23일
>
> 요즘 전 세계적으로 이상한 날씨가 계속되고 있다.
> 서울 여의도에는 봄에 피는 꽃들이 활짝 피어서 거리는 꽃구경을 나온 사람들로 교통혼잡이 일어나기도 했다. 그런가 하면 제주도는 기온이 영하 15도로 내려가서 많은 나무와 꽃이 얼어 죽었다고 한다.
> 이런 이상한 일은 세계 여러 나라에서도 일어나고 있다. 유럽에서는 겨울에 큰비가 내려 홍수가 일어났다. 동남아에서는 갑자기 기온이 떨어지고 눈이 내렸다. 또 러시아에서는 갑자기 날씨가 따뜻해져서 여름옷을 입고 다니는 사람들이 늘고 있을 뿐만 아니라 호수에서 수영을 하는 사람도 있다고 한다. 계절이 반대인 호주에서도 우박이 내리는 등 지구 곳곳에서 이상한 일들이 계속 일어나고 있다.

❶ 여의도 : 겨울에 꽃이 피다니 믿을 수가 없어요.
❷ 제주도 : ....
❸ 유럽 : ....
❹ 동남아 : ....
❺ 러시아 : ....
❻ 호주 : ....

-게 하다

5. '-게 하다'를 사용해 대화를 완성하십시오.

❶ 가 : 아이가 하루 종일 집에서 비디오만 봐요.
나 : 가능하면 비디오를 보지 않고 친구들과 놀게 하세요~~으세요/세요~~.
❷ 가 : 이따가 약속 시간에 보자.
나 : 오늘은 .... 지 마. 나는 기다리는 게 제일 싫어.
❸ 가 : 제 동생은 밤을 새우면서 게임만 해요.
나 : 게임을 너무 오래 .... 으세요/세요.
❹ 가 : 제 남편은 피로가 쌓여 있는데도 일만 해요.
나 : 먼저 남편을 좀 .... 으세요/세요. 쉬어야 피로가 풀립니다.

⑤ 가 : 아이가 모기에 물린 곳을 자꾸 긁어요.
나 : 긁으면 안 되니까 ______________________ 으세요/세요.

⑥ 가 : 앞으로 이런 일이 다시 ______________________ 으세요/세요.
나 : 네, 잘 알겠습니다. 앞으로는 이런 일이 없을 겁니다.

6. 다음 상담 내용을 보고 '-게 하다'를 사용해 문장을 만드십시오.

질문

아버지가 얼마 전에 고혈압으로 쓰러지셨어요. 의사 선생님께서 아주 조심해야 한다고 하셨어요. 어떻게 해야 할지 가르쳐 주세요.

상담

아주 착한 따님이시군요. 고혈압은 아주 위험합니다. 음식 조절과 운동이 중요하니까 다음 사항을 잘 지키도록 따님이 도와주세요.

❶ 고혈압 환자에게 짠 음식은 나쁩니다.
❷ 담배를 끊어야 합니다.
❸ 약을 매일 드셔야 합니다.
❹ 스트레스를 받지 않는 것이 좋습니다.
❺ 매일 30분 이상 운동을 하는 것이 좋습니다.
❻ 규칙적으로 의사에게 진찰을 받아야 합니다.

❶ 아버지께서 짠 음식을 드시지 않게 하세요.
❷ ____.
❸ ____.
❹ ____.
❺ ____.
❻ ____.

9과 4항

어휘

1. 다음 [보기]에서 알맞은 말을 골라 빈 칸에 쓰십시오.

[보기] 과장님 사모님 사장님 선생님 .... 씨 .... 아/야

① 회사원 중 대리 바로 위인 사람을 부를 때 쓰는 말 (과장님)
② 회사의 책임자 또는 회사 대표를 부를 때 쓰는 말 ( )
③ 보통 사람을 부를 때 이름 뒤에 붙여 쓰는 말 ( )
④ 자기보다 나이가 어린 사람의 이름을 부를 때 쓰는 말 ( )
⑤ 선생님의 부인 또는 다른 사람의 부인을 부를 때 쓰는 말 ( )
⑥ 보통 남자 어른을 부를 때 쓰는 말 또는 학생들을 가르치는 사람 ( )

2. 다음 [보기]에서 알맞은 말을 골라 빈 칸에 쓰십시오.

[보기] 거래처 선약 통역 곤란하다 귀하다 마중을 나가다

① 가 : 내일 약속 말인데요. 혹시 오늘 오후로 바꿔도 될까요?
나 : 죄송합니다. 오늘 오후에는 (선약)이/~~가~~ 있어서 곤란할 것 같은데요.
② 가 : 한국어를 배워 가지고 무슨 일을 하고 싶으세요?
나 : 저는 한국어를 모르는 사람을 위해서 ( )을/를 하고 싶습니다.
③ 가 : 어디 가세요?
나 : 친구가 온다고 해서 공항에 ( )는/은/ㄴ 길이에요.
④ 가 : 그동안 감사했습니다. 이거 제가 만든 것인데 한번 써 보세요.
나 : 이렇게 ( )는/은/ㄴ 선물을 받아도 될지 모르겠네요. 감사합니다.
⑤ 가 : 사장님, ( )에서 연락이 왔는데요. 오늘까지 물건을 보내 달래요.
나 : 어, 그래요? 오늘까지 보내려면 서둘러야겠네요.
⑥ 가 : 이거 한 달 전에 여기서 산 옷인데 교환할 수 있어요?
나 : 그건 좀 ( )는데요/은데요/ㄴ데요. 구입하신 지 너무 오래 되어서요.

문법

-는다지요?

3. 다음을 읽고 대화를 완성하십시오.

설날 연휴가 시작되었습니다. 지금 고속도로는 고향으로 가는 차들로 매우 복잡합니다. 이미 비행기 표와 기차표는 두 달 전에 예약이 끝났습니다. 자동차로 고향에 가시는 분들은 좀 일찍 서두르시는 게 좋을 것 같습니다. 서울을 출발해 부산까지 가는 데는 평소보다 네 시간 정도 더 걸릴 것으로 보입니다.

한편 서울 동대문 시장과 남대문 시장에는 설날 준비를 하러 나온 사람들로 무척 복잡합니다. 대부분의 시장과 가게들은 오늘까지만 문을 열고 내일부터는 쉴 예정입니다. 또한 가정에서는 설날 아침에 먹을 떡국과 그 밖의 설날 음식을 준비하느라고 바쁘고, 은행은 아이들에게 줄 세뱃돈을 새 돈으로 바꾸려는 어른들로 만원입니다. 모두가 바쁘고 힘들지만 얼굴에는 웃음이 가득한 것 같습니다. 모두모두 새해 복 많이 받으시길 바랍니다.

에릭 : 한국 사람들은 명절이 되면 ❶ 고향에 간다지요? ~~는다지요?/다지요?/이라지~~요?

올가 : 네, 그런가 봐요. 그래서 명절이 되면 서울 거리는 오히려 한산해요.

에릭 : 비행기나 기차를 타려면 ❷ ______________ 는다지요?/다지요?/이라지요?

올가 : 네, 그래서 비행기 표나 기차표를 사는 걸 하늘의 별따기라고 한대요.

에릭 : 그렇겠네요. 표를 구하지 못한 사람들은 자동차를 가지고 가기 때문에 ❸ ______________ 는다지요?/다지요?/이라지요?

올가 : 네, 너무 밀려서 고향으로 가다가 되돌아오는 사람도 있다고 들었어요.

에릭 : 가게와 시장들도 ❹ ______________ 는다지요?/다지요?/이라지요?

올가 : 네, 그래서 필요한 것은 미리 사 놓아야 한대요.

에릭 : 설날 아침에는 가족들이 모여 ❺ ______________ 는다지요?/다지요?/이라지요?

올가 : 네, 그렇대요. 한국 사람들은 떡국을 먹어야 나이를 먹는다고 생각한대요.

에릭 : 떡국을 먹고 세배를 하는데 세배를 하면 ❻ ______________ 는다지요?/다지요?/이라지요?

올가 : 네, 그래서 아이들은 설날을 제일 좋아한대요.

에릭 : 저도 세배하고 세뱃돈을 받았으면 좋겠네요.

4. 다음은 한국 사람들이 좋아하는 것들입니다. 표를 보고 '-는다지요?'를 사용해 대화를 완성하십시오.

❶ 가장 좋아하는 음식	❷ 가장 인기 있는 공연	❸ 가장 많이 타는 자동차
1위 된장찌개 2위 김치 3위 불고기	1위 난타 2위 아이다 3위 비보이	1위 중형차 2위 소형차 3위 대형차
❹ 가장 자주 하는 운동	**❺ 가장 많이 먹는 술안주**	**❻ 가장 좋아하는 숫자**
1위 축구를 자주 한다. 2위 등산을 자주 한다. 3위 농구를 자주 한다.	1위 오징어를 많이 먹는다. 2위 마른 안주를 많이 먹는다. 3위 과일 안주를 많이 먹는다.	1위 7을 좋아한다. 2위 3을 좋아한다. 3위 5를 좋아한다.

① 가 : 한국 사람들이 제일 좋아하는 음식이 된장찌개라지요? ~~는다지요?/다지요?/이라지요~~?
나 : 네, 그렇대요. 저도 아주 좋아해요.

② 가 : ______________ 는다지요?/다지요?/이라지요?
나 : 그런가 봐요. 우리도 한번 보러 가요.

③ 가 : 한국 사람들은 중형차를 ______________ 는다지요?/다지요?/이라지요?
나 : 네, 그렇대요.

④ 가 : ______________ 는다지요?/다지요?/이라지요?
나 : 네, 그래서 그런지 주말에 공원에 가면 축구하는 사람이 참 많던데요.

⑤ 가 : ______________?
나 : ______________.

⑥ 가 : ______________?
나 : ______________.

-을 건가요?

5. 다음 대화를 완성하십시오.

① 가 : 머리를 자르실 ~~을/ㄹ~~ 건가요?
나 : 아니요, 머리를 기르고 싶어요. 조금만 다듬어 주세요.

② 가 : ______________ 을/ㄹ 건가요?
나 : 이따가 시킬게요. 친구 한 명이 아직 안 왔거든요.

③ 가 : ______________ 을/ㄹ 건가요? ______________ 을/ㄹ 건가요?
나 : 내일 가려고 합니다.

④ 가 : ______________ 을/ㄹ 건가요? ______________ 을/ㄹ 건가요?
나 : 가지고 가서 먹을 거예요.

⑤ 가 : ________________ 을/ㄹ 건가요? ________________ 을/ㄹ 건가요?

나 : 선물할 거니까 포장해 주세요.

⑥ 가 : ________________ 을/ㄹ 건가요? ________________ 을/ㄹ 건가요?

나 : 친한 친구들 몇 명만 초대해서 집에서 간단히 하려고요.

6. '-을 건가요?'를 사용해 대화를 완성하십시오.

가 : 비행기 표를 사려고 하는데요.

나 : ❶ 어디로 가실~~을/ㄹ~~ 건가요?

가 : 미국이요.

나 : ❷ ________________ 을/ㄹ 건가요?

가 : 다음 달 3일이요.

나 : 한국 항공과 아리랑 항공이 있는데 ❸ ________________ 을/ㄹ 건가요?

가 : 한국 항공이요.

나 : 오후 4시와 8시에 비행기가 있는데 어느 것을 타시겠어요?

가 : 오후 4시가 좋겠어요.

나 : 네, 알겠습니다. 그날은 아직 좌석이 많이 남아 있네요.

❹ ________________? ________________?

가 : 일반석이요.

❺ ________________?

나 : 두 명이요.

가 : 계산은 어떻게 하시겠어요?

❻ ________________?

나 : 네, 카드로 할게요.

9과 5항

어휘와 문법

1. 다음 [보기]에서 알맞은 말을 골라 빈 칸에 쓰십시오.

[보기]				
사모님	사장님	거절을 당하다	거절하다	부탁을 들어주다
부탁을 받다	부탁을 하다	불가능하다	안 되다	힘들다

❶ 친한 친구의 부탁은 (　　　　　　)기가 어려워요.
❷ 선생님의 부인을 (　　　　　　)이라고/라고 부른다.
❸ 부장님은 (　　　　　　)와/과 함께 회의 중이신데요.
❹ 공사장에서 일하는 것은 아주 (　　　　　　)는/은/ㄴ 일이다.
❺ 잘 모르는 사람한테 (　　　　　　)기란 아주 어려운 일이었다.
❻ 친구의 (　　　　　　)고 싶어도 내 힘으로 할 수 없는 일이었다.
❼ 어떤 이유가 있어도 그런 거짓말을 하는 것은 (　　　　　　)는다/ㄴ다/다.
❽ 사람이나 동물이 공기가 없는 곳에서 사는 것은 (　　　　　　)는다/ㄴ다/다.
❾ 너무 무리한 (　　　　　　)었을/았을/였을 때는 어떻게 해야 할지 모르겠어요.
❿ 유카 씨한테 데이트 신청을 하고 싶은데 (　　　　　　)을까/ㄹ까 봐 말이 안 나온다.

2. 다음 [보기]에서 알맞은 말을 골라 빈 칸에 쓰십시오.

[보기]				
거래처	뭐	순서	지방	갑자기
곤란하다	내밀다	누르다	물러나다	지나가다

❶ 이걸 (　　　　　　)으면/면 전원이 켜질 거예요.
❷ 시험도 끝났는데 (　　　　　　) 재미있는 일이 없을까?
❸ 버스 안에서 창문 밖으로 손을 (　　　　　　)으면/면 위험해요.
❹ 여기 이름이 적혀 있는 (　　　　　　)대로 한 사람씩 들어오세요.
❺ 집에서 쉬고 있는데 (　　　　　　) 회사에서 오라는 연락이 왔어요.
❻ 여기가 어디인지 잘 모르니까 (　　　　　　)는/은/ㄴ 사람한테 물어봅시다.
❼ 아내의 회사가 (　　　　　　)에 있어서 우리 부부는 주말에만 만난다.
❽ 너무 개인적인 것을 물어보면 대답하기가 참 (　　　　　　)는다/ㄴ다/다.
❾ 오후에 (　　　　　　) 사람들을 만나서 새 제품에 대해서 이야기해야 합니다.
❿ 여기에서 영화를 찍어야 하니까 구경하시는 분들은 좀 뒤로 (　　　　　　)어/아/여 주세요.

3. 다음 대화를 완성하십시오.

❶ 가 : 오만 원이면 너무 비싸요.

나 : ______________ 기는요. 다른 곳에서는 십만 원이 넘어요.

❷ 가 : 한국말을 참 잘 하시네요.

나 : ______________ 기는요. 아직도 모르는 것이 많은데요.

❸ 가 : 방학인데 고향에 안 가셨어요?

나 : ______________ 느라고 ______________ 었어요/았어요/였어요.

❹ 가 : 지난번에 우리가 같이 봤던 영화 제목이 뭐였죠?

나 : ______________. 저도 생각이 안 나네요.

❺ 가 : ______________, 혹시 에릭 씨 아니세요?

나 : 네, 맞는데요. 그런데 누구시죠?

❻ 가 : 눈이 와서 길이 미끄러운데요. ______________ 게 조심하십시오.

나 : 네, 그럴게요.

❼ 가 : 어제 친구하고 약속을 했는데 아무 연락도 없이 친구가 안 왔어요.

나 : ______________ 다니 ______________?

❽ 가 : 이제 회의가 끝난 거예요?

나 : 네, ______________ 게 해서 정말 죄송합니다.

❾ 가 : 두 사람이 다음 달에 ______________ 는다지요?/다지요?/이라지요?

나 : 네, 서로 사랑하니까 잘 살 거예요.

❿ 가 : 이 옷은 누가 ______________ 을/ㄹ 건가요?

나 : 제가 입을 거예요.

4. 다음 중 밑줄친 부분을 고치십시오.

❶ 감기에 걸리느라고 학교에 못 갔어요.

❷ 자, 어려운 부탁이네요.

❸ 다치지 말게 조심하세요.

❹ 별일도 아닌데 그렇게 화를 낸다니 그럴 수가 있어요?

❺ 누가 이 일을 하지 않게 했어요?

듣기 연습

CD: 20~22

1. 음성 메시지를 듣고 질문에 대답하십시오.

1) 여자가 주인아저씨께 메시지를 남긴 이유는 무엇입니까? (　　　)

❶ 방을 옮기려고
❷ 수리를 부탁하려고
❸ 친구의 부탁을 하려고
❹ 다른 집으로 이사하려고

2) 들은 내용과 같으면 ○표, 다르면 ×표 하십시오.

❶ 여자는 이사한 지 얼마 안 된다. (　　　)
❷ 욕실에 있는 수도에서 물이 계속 흐른다. (　　　)
❸ 찬물도 하루 종일 나오지 않는다. (　　　)
❹ 3층에 빈 방이 많이 있다. (　　　)
❺ 주인아저씨가 전화를 받지 않아서 메시지를 남겼다. (　　　)

2. 대화를 듣고 질문에 대답하십시오.

1) 남자는 여자에게 어떤 부탁을 했나요? 쓰십시오.

....

2) 남자가 보려는 영화는 어떤 영화인가요? (　　　)

❶ 코미디 영화이다.
❷ 영화 제목은 '비밀'이다.
❸ 밍밍 씨가 추천한 영화이다.
❹ 요즘 가장 인기 있는 영화이다.

3. 대화를 듣고 질문에 대답하십시오.

1) 남자가 말하는 '부탁을 잘 하는 방법'이 <u>아닌</u> 것은 무엇입니까? (　　　)

❶ 예의 바른 태도로 부탁한다.
❷ 부탁 내용은 알아듣기 쉽게 말한다.
❸ 부탁을 들어주면 직접적으로 고맙다는 표시를 하는 것이 좋다.
❹ 부탁을 할 때 부탁하는 이유는 대답을 들은 다음에 말하는 것이 좋다.

2) 남자는 어려운 부탁을 받았을 때 어떻게 합니까? (　　　)

❶ 거절을 못해서 거의 다 들어준다.
❷ 부탁을 받기 전에 먼저 거절한다.
❸ 들어줄 수 없는 이유를 솔직하게 말한다.
❹ 생각할 시간을 달라고 한 후 나중에 거절한다.

읽기 연습

1. 다음 글을 읽고 질문에 대답하십시오.

나는 남에게 부탁하는 것을 별로 좋아하지 않는다. 남들이 도와주면 일이 쉬워지겠지만 힘들어도 혼자서 할 수 있는 일이라면 거의 스스로 하는 편이다. 부탁을 하면 상대방에게 부담을 주는 것 같은 기분이 들고 또 그 부탁으로 내가 빚을 진 것 같은 기분이 들기 때문이다. 그래서 나는 내가 들어준 부탁에 대해서도 별로 그 대가를 바라지 않는다. 그래서 그런지 친구들은 내가 손해 보고 산다고 말하기도 한다. 하지만 이 세상은 혼자서 살 수 없고 내 능력으로 하기 어려운 일이면 부탁을 해야 한다. 그것이 작은 것일 수도 있고 큰일일 수도 있다.

내 경우에는 부탁 한 번 하기가 아주 조심스럽다. 부탁을 들어주는 일은 개인의 선택이고 자유이다. 그런데 부탁을 받은 사람이 거절을 하는 경우 나는 어떻게 해야 할지 잘 모르겠다. 물론 아주 부드럽게 거절을 하면 나도 '아, 그러세요? 번거롭게 해 드려서 죄송합니다.'라고 말할 수 있다. 하지만 기분 나쁜 말투와 태도로 거절했을 때 그 기분은 말로 표현할 수 없다.

오늘 나는 그런 거절을 당했다. 부탁을 한 일이 그리 큰일도 아니었는데……. 앞으로 내가 그 사람을 어떻게 대해야 할지 걱정이 된다.

1) 이 사람이 부탁을 잘 하지 않는 이유는 무엇입니까? 두 가지를 쓰십시오.

❶ ....

❷ ....

2) 친구들이 이 사람한테 손해 보고 산다고 말하는 이유는 무엇입니까? 쓰십시오.

....

3) 글의 내용과 같은 것은 무엇입니까? (　　　　)

❶ 이 세상은 부탁을 안 하고도 충분히 살 수 있는 곳이다.
❷ 나는 부탁을 거절한 사람을 보면 냉정하게 대하게 된다.
❸ 나는 다른 사람이 내 부탁을 안 들어주면 기분이 나빠진다.
❹ 다른 사람이 부드럽게 내 부탁을 거절하면 그리 기분이 나쁘지 않다.

말하기 · 쓰기 연습

1. 배운 문법을 사용해 친구에게 질문하고 대답하십시오.

질문	친구 1	친구 2
❶ 친구한테 간단한 부탁을 해 보세요. (–기는요, –느라고)		
❷ 들어주기 곤란한 부탁을 받으면 어떻게 거절하겠어요? (–느라고)		
❸ 곤란한 질문은 어떤 거예요? 그런 질문을 받으면 어떻게 대답을 할 건가요? (음, 글쎄요)		
❹ 선생님께 부탁하고 싶은 것이 있나요? (–게, –게 하다)		

2. 다음 글을 읽고 여러분의 생각을 써 보십시오. 그리고 친구와 같이 이야기해 보십시오.

대화할 때 가장 어려운 것이 부탁과 거절이죠?

우리는 살아가면서 많은 부탁을 하고 받습니다. 물론 모든 일을 내 힘으로 하고 다른 사람의 부탁을 다 들어주면 좋겠지만 그럴 수는 없는 일입니다. 사람들과의 관계에서 가장 어려운 것이 부탁과 거절입니다. 한 설문 조사를 보면 가장 하기 어려운 것이 '돈을 빌려 달라고 할 때 거절하기'와 '빌린 돈을 안 갚을 때 돈을 달라고 하기'라고 합니다. 친구가 급하다며 돈을 빌려 달라고 하지만 빌려주고 싶지 않을 때 여러분은 어떻게 거절하겠습니까? 거절하기 위해 거짓말을 하는 것은 괜찮다고 생각하십니까?

또 친구가 빌린 돈을 갚지 않으면 어떻게 말하겠습니까? 친구 기분이 상하지 않게 말하는 방법이 있으면 가르쳐 주십시오.

제10과 어제와 오늘

10과 1항

어휘

1. 다음 [보기]에서 알맞은 말을 골라 빈 칸에 쓰십시오.

[보기] 과거　　미래　　회상　　준비　　후회

12월 7일

이제 한국 생활이 얼마 남지 않았다. 한국에서 보낸 지난 1년을 ❶(회상)해 보니까 ❷(　　　　)이/가 되는 일이 많다. 처음 한국에 와서 공부는 하지 않고 집에서 컴퓨터 게임만 하던 일, 친구들과 놀러 다니느라고 수업에 빠진 일 등등 말이다. 처음부터 열심히 공부했다면 더 빨리 졸업할 수 있었을 텐데……. 이런 내가 좋은 성적으로 졸업을 할 수 있었던 것은 3급 때 사귄 친구들 덕분이다. 연극 대회 ❸(　　　　)을/를 하면서 친해진 친구들은 기쁠 때나 슬플 때나 나에게 힘이 되어 주었다.

❹(　　　　)의 게으르고 불성실하던 나를 자신감으로 가득 찬 모습으로 만들어 준 유학 생활. 이제 다가올 나의 ❺(　　　　)은/는 밝게 빛나지 않을까?

2. 다음 [보기]에서 알맞은 말을 골라 빈 칸에 쓰십시오.

[보기]	관련	옛날	말이 나온 김에	유난히	추억하다

❶ 가 : '할머니' 하면 뭐가 생각나세요?
나 : 저는 할머니가 들려주시던 (　　옛날　　) 이야기가 생각나요.

❷ 가 : 올해는 꼭 에어컨을 사려고요. 작년 여름에 너무 고생을 했거든요.
나 : 맞아요. 작년 여름은 (　　　　　　) 더웠어요.

❸ 가 : 우리 할머니는 요즘 옛날 사진들을 자주 꺼내 보세요.
나 : 옛날에 좋았던 때를 (　　　　　　)으시는/시는 거겠지요.

❹ 가 : 새로 생긴 일식집에 가 보셨어요?
나 : 네, 맛도 있고 분위기도 좋아요. (　　　　　　) 오늘 점심은 거기서 먹을까요?

❺ 가 : 발표 준비는 다 했니?
나 : 아니, 이제 겨우 (　　　　　　) 기사들만 모았을 뿐이야. 오늘부터 해야지.

문법

-다가도

3. 다음 문장을 완성하십시오.

❶ 그 남자는 술을 너무 좋아해서 자다가도 술이라고 하면 벌떡 일어나요.

❷ 그 아이는 ______________다가도 엄마만 보면 방긋 웃는다.

❸ 학생들은 시끄럽게 ______________다가도 그 선생님만 보면 조용해졌다.

❹ 돈은 ______________다가도 없고 ______________다가도 생기는 거래요.

❺ 안드레이 씨는 수업 시간에 ______________다가도 쉬는 시간만 되면 깨어난다.

❻ 엄마들은 아이한테 ______________다가도 아이의 웃는 모습만 보면 저절로 화가 풀린다고 한다.

4. 다음 대화를 완성하십시오.

❶ 가 : 요즘 날씨가 좀 이상하지요? 이렇게 날씨가 좋다가도 갑자기 비가 내리니까 말이에요.

나 : 네, 날마다 우산 챙기는 것도 일이에요.

❷ 가 : 샤오밍 씨는 먹는 걸 정말 좋아하나 봐요.

나 : 네, ______________다가도 음식 냄새만 나면 일어나잖아요.

❸ 가 : 이 식당은 항상 이렇게 손님이 많아요?

나 : 아니요, 점심시간에는 이렇게 손님이 ______________다가도 점심시간이 지나면 손님이 별로 없어요.

❹ 가 : 남자 친구가 그 배우를 싫어한다면서요?

나 : 네, 텔레비전을 ______________다가도 그 배우만 나오면 채널을 돌려 버려요.

❺ 가 : 어른이 부르시면 뭘 ______________다가도 대답을 해야 하는 거야. 알았지?

나 : 네, 엄마. 다음부터는 그렇게 할게요.

❻ 가 : 기분이 나쁠 때는 뭘 하세요?

나 : 저는 음악을 들어요. 음악을 들으면 기분이 ______________다가도 ______________거든요.

-곤 하다

5. 다음 글을 읽고 문장을 완성하십시오.

저는 어렸을 때 장난감 자동차를 너무 좋아해서 장난감 자동차를 모았어요. 그래서 장난감 가게에 가면 꼭 장난감 자동차를 샀어요. 초등학교 때는 인라인 스케이트 타는 것이 너무 재미있어서 자주 밤 늦게까지 공원에서 인라인 스케이트를 타다가 어머니한테 야단을 맞은 일도 많았어요. 중학교 때는 기타를 치기 시작했고 시간만 나면 기타 연습을 했어요. 고등학교 때는 학교 친구들과 밴드를 만들어서 기타를 연주했어요. 그리고 학교에 행사가 있을 때마다 공연을 했어요. 대학생이 되어서는 수영을 배우기 시작했어요. 수영을 하면서 건강해지니까 수영이 더 좋아졌어요. 그래서 시간이 날 때마다 수영장에 갔어요. 요즘은 어떤 취미 생활을 하냐고요? 직장 생활이 너무 바빠서 취미를 즐길 시간이 별로 없어요. 너무 피곤해서 시간만 나면 자는 게 제가 제일 좋아하는 일이 되었답니다.

❶ 어렸을 때 저는 장난감 가게에 가면 장난감 자동차를 사곤 했어요.
❷ 초등학교 때는 .... 곤 했어요.
❸ 중학교 때는 .... 곤 했어요.
❹ 고등학교 때는 .... 곤 했어요.
❺ 대학교 때는 .... 곤 했어요.
❻ 지금은 시간이 나면 .... 곤 해요.

6. 다음 대화를 완성하십시오.

❶ 가 : 가족이 보고 싶으면 어떻게 해요?
나 : 그럴 때에는 사진을 보곤 해요.
❷ 가 : 시간이 있으면 뭘 하세요?
나 : .... 곤 해요.
❸ 가 : 공부하다가 졸리면 어떻게 해요?
나 : .... 곤 해요.
❹ 가 : 스트레스가 쌓일 때는 어떻게 하세요?
나 : .... 곤 해요.
❺ 가 : 고등학교 때 시험이 끝나면 뭘 하셨어요?
나 : .... 곤 했어요.
❻ 가 : 어렸을 때는 친구들과 무엇을 하고 놀았어요?
나 : .... 곤 했어요.

10과 2항

어휘

1. 다음 빈 칸에 공통으로 들어갈 말을 [보기]에서 골라 쓰십시오.

[보기] 늘다 바뀌다 발전하다 변하다 좋아지다 향상되다

❶ 건강이 ....
날씨가 ....
사이가 .... (좋아지다)

❷ 기술이 ....
성적이 ....
실력이 .... (   )

❸ 성격이 ....
안색이 ....
입맛이 .... (   )

❹ 이름이 ....
장면이 ....
주소가 .... (   )

❺ 경제가 ....
기술이 ....
도시가 .... (   )

❻ 실력이 ....
몸무게가 ....
학생 수가 .... (   )

2. 다음 [보기]에서 알맞은 말을 골라 빈 칸에 쓰십시오.

[보기] 건물 단층 양쪽 시간이 흐르다 화려하다

❶ 한국어학당은 연세대학교 동문 왼쪽에 있는 빨간색 (건물)입니다.
❷ 아무리 힘든 일도 (   )으면/면 다 잊혀질 거야.
❸ 이 길은 길 (   )에 나무들이 아름답게 서 있어서 산책하기에 좋아요.
❹ 10년 전에는 (   ) 건물만 있었지만 지금은 고층 건물이 대부분이에요.
❺ 평소의 수수한 모습과는 달리 (   )는/은/ㄴ 옷차림을 한 내 모습에 사람들이 모두 놀라는 것 같았다.

문법

전만 해도

3. 다음 대화를 완성하십시오.

❶ 가 : 우리 강아지 어디 갔지?
나 : 조금 전만 해도 여기 있었는데……. 어디로 갔지?

❷ 가 : 1월에는 비행기 표가 없대요. 다음 방학에나 가야겠어요.
나 : 어? ______________ 전만 해도 있었는데…….

❸ 가 : ______________ 전만 해도 여기에 가게가 없었던 것 같은데…….
나 : 그러네요. 언제 가게가 생겼지?

❹ 가 : 이 아이스크림 값이 올랐네요. ______________ 전만 해도 500원이었는데…….
나 : 물가가 자꾸 올라서 걱정이에요.

❺ 가 : ______________ 전만 해도 여기에서 차 한 대 구경하기도 힘들었는데…….
나 : 맞아요. 지금은 너무 복잡해져서 다니기도 힘들어요.

❻ 가 : 어? 우리가 보려고 한 영화는 벌써 끝났나 봐.
나 : 그게 무슨 소리야? ______________ 전만 해도 여기에 포스터가 붙어 있었는데.

4. 다음 그림을 보고 '전만 해도'를 사용해 수지 씨를 본 사람들의 말을 완성하십시오.

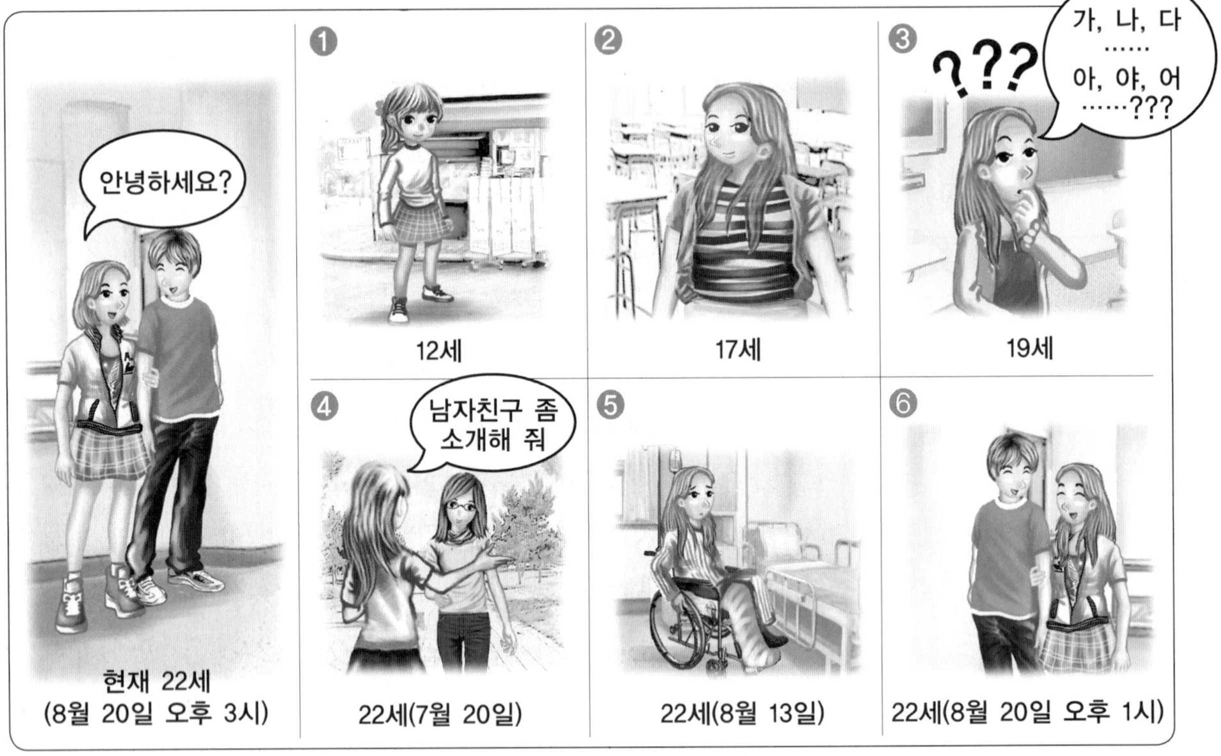

❶ 아빠 친구 : 10년 전만 해도 어린 아이였는데 이제 숙녀가 됐네. 많이 컸다.

❷ 고등학교 친구 : 많이 예뻐졌다. ______________ 아주 뚱뚱했잖아. 어떻게 살을 뺀 거야?

❸ 고향 친구 : 통역사가 되었다고? ______________ '가나다'도 몰랐었잖아.

❹ 하숙집 친구 : ______________ 남자 친구 소개 시켜 달라고 했었잖아. 언제부터 사귄 거야?

❺ 선생님 : ______________ 병원에 있다고 들었는데 퇴원한 거예요?

❻ 반 친구 : ______________ 긴 머리였잖아. 짧은 머리도 잘 어울린다.

-는다고 할 수 있다

5. 다음 그림을 보고 문장을 완성하십시오.

❶

올가 씨가 유카 씨보다 노래를 잘한다고 ~~는다고/다고/이라고~~ 할 수 있다.

❷

우리 반 쓰기 시험 평균 87점

쓰기 시험 점수가 80점이면 다른 친구들에 비해 .... 는다고/다고/이라고 할 수 있다.

❸

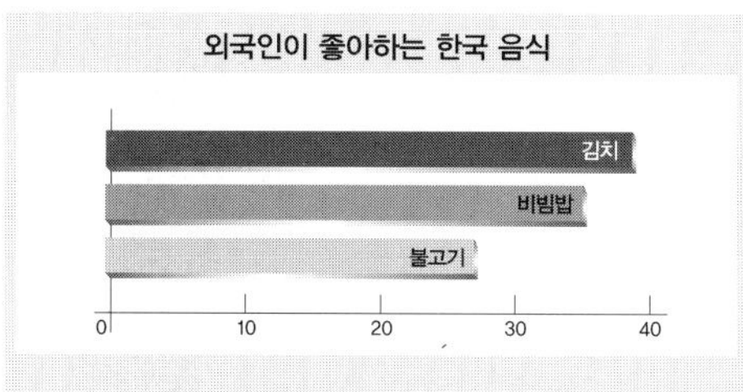

외국인에게 인기 있는 한국 음식은 .... 는다고/다고/이라고 할 수 있다.

❹

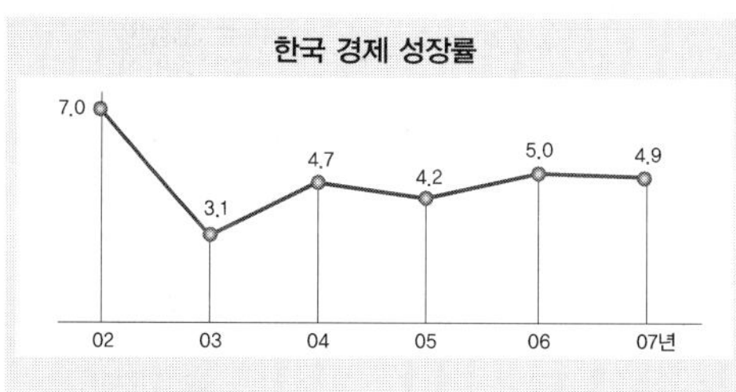

2007년 한국의 경제는 2005년도에 비해 .... 는다고/다고/이라고 할 수 있다.

❺

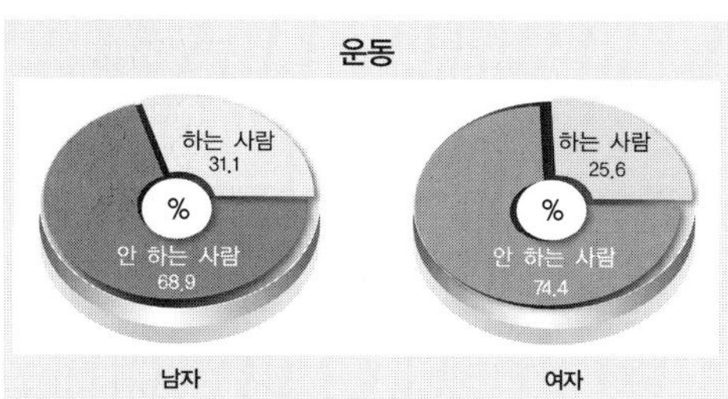

남자가 여자에 비해 .... 는다고/다고/이라고 할 수 있다.

❻

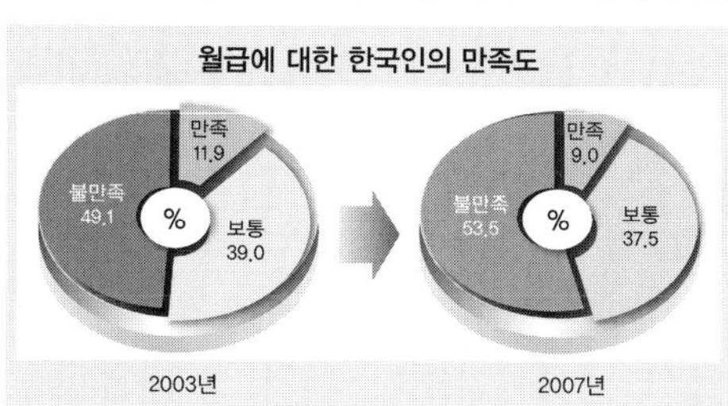

2007년에는 자신의 월급에 만족하는 사람이 2003년에 비해 .... 는다고/다고/이라고 할 수 있다.

YONSEI WORKBOOK 3

6. 다음 대화를 완성하십시오.

❶ 가 : 그 회사 제품이 비싼가요?
나 : 다른 회사 제품보다는 비싸다고~~는다고/다고/이라고~~ 할 수 있지요.

❷ 가 : 이 병에 걸린 환자가 많아요?
나 : 10,000명 중에 1명 정도 이 병에 걸리니까 ______________ 는다고/다고/이라고 할 수 있어요.

❸ 가 : 점심은 날마다 그 식당에서 드세요?
나 : 약속이 없으면 그 식당에서 점심을 먹으니까 ______________ 는다고/다고/이라고 할 수 있겠네요.

❹ 가 : 영화를 자주 보세요?
나 : 일주일에 한 편은 꼭 보니까 ______________ 는다고/다고/이라고 할 수 있어요.

❺ 가 : 학생들이 시험을 잘 봤나요?
나 : 모두 다 4급에 올라가니까 ______________ 는다고/다고/이라고 할 수 있어요.

❻ 가 : 3년 전보다 물가가 많이 올랐나요?
나 : 버스 요금이 두 배로 올랐으니까 ______________ 는다고/다고/이라고 할 수 있지요.

10과 3항

어휘

1. 다음 [보기]에서 알맞은 말을 골라 빈 칸에 쓰십시오.

[보기] 가정하다 상상하다 예상하다 추측하다

① 내년에는 경제가 좋아질 것으로 (예상하)는 사람들이 많다.
② 책을 읽으면서 그 장면을 ( )어/아/여 봤다.
③ 동물도 언어를 배울 수 있다고 ( )고 이 실험을 해 봤다.
④ 경찰은 이번 사건의 범인이 한 명이 아닐 거라고 ( )고 있다.

2. 다음 [보기]에서 알맞은 말을 골라 빈 칸에 쓰십시오.

[보기] 사정 벌써 어느새 귀국하다 바라다

① 우리가 도착했을 땐 (벌써) 공연이 시작된 후였다.
② 승연 씨가 박사 학위를 따 가지고 다음 달에 ( )는대요/ㄴ대요.
③ 김 과장님은 오늘 ( )이/가 있어서 회의에 참석하지 못하신대요.
④ 올해도 건강하시고 모든 소원이 이루어지시기를 ( )습니다/ㅂ니다.
⑤ 3급을 시작한 지 얼마 안 된 것 같은데 ( ) 3급이 끝날 때가 다 되었다.

문법

-었을 것이다

3. 다음은 친구들이 어제 받은 문자 메시지입니다. 친구들은 어제 무엇을 했을까요? 쓰십시오.

❶ 샤오밍 씨는 어제 늦게까지 아르바이트를 했을 거예요.

❷ 에릭 씨는 ______________________.

❸ 올가 씨는 ______________________.

❹ 태우 씨는 ______________________.

❺ 안드레이 씨는 ______________________.

❻ 밍밍 씨는 ______________________.

4. 다음 사람들은 어떤 것을 선택했을까요? '-었을 것이다'를 사용해 문장을 만드십시오.

본인이 하고 싶은 것	친구/남편/가족들의 제안	내 생각
유카 : 시험이 끝나서 신나게 놀고 싶다.	• 영화 보기 • 놀이 공원에 가서 놀기 • 클럽에 가서 춤추기	유카는 ❶ 놀이 공원에 가서 신나게 놀았을 것이다. ❷
유카의 언니 : 첫 번째 결혼기념일이니까 특별한 곳에서 식사하고 싶다.	• 옛날에 데이트하던 작은 카페에 가서 식사하기 • 야경이 멋있는 호텔에 가서 식사하기 • 맛있는 갈비집에 가서 고기 먹기	유카 언니는 ❸ ❹
유카의 오빠 : 이번 휴가는 조용히 보내고 싶다.	• 가족 여행 • 혼자서 등산 가기 • 집에서 만화책 읽기	유카 오빠는 ❺ ❻

-었다면

5. 다음 표를 보고 '-었다면'을 사용해 문장을 만드십시오

사람	하고 싶었던 일	하지 못한 이유
❶ 샤오밍	대학생	입학시험을 못 봤음.
❷ 승연	미스 코리아	키가 작음.
❸ 히로시	아나운서	목소리가 좋지 않음.
❹ 에릭	운동선수	체력이 약함.
❺ 안드레이	정치가	사람들 앞에서 말을 잘 하지 못함.
❻ 올가	발레리나	다리를 다침.

❶ 샤오밍 씨가 입학시험을 잘 봤다면 지금쯤 대학생이 되었을 것이다.

❷ .

❸ .

❹ .

❺ .

❻ .

YONSEI WORKBOOK 3

6. 다음을 읽고 '-었다면'을 사용해 문장을 완성하십시오.

❶ 산을 올라가다가 날씨가 안 좋아서 내려왔다.
날씨가 좋았다면 산 정상까지 갈 수 있었을 텐데.

❷ 평소에 공부를 열심히 하지 않았다. 오늘 시험을 봤는데 58점이었다.
______________________ 었다면/았다면/였다면 시험을 잘 봤을 텐데.

❸ 그 선수가 경기를 하다가 다쳐서 병원으로 실려 갔고 그 팀은 졌다.
______________________ 었다면/았다면/였다면 그 팀이 이겼을 것이다.

❹ 친구가 도와줘서 성공할 수 있었다.
______________________________________.

❺ 회사를 다니다가 다른 회사로 옮겼는데 오히려 월급이 줄었다.
______________________________________.

❻ 중국에 가려고 하다가 한국으로 왔다. 승연 씨를 만나서 결혼했다.
______________________________________.

10과 4항

어휘

1. 다음 [보기]에서 알맞은 말을 골라 빈 칸에 쓰십시오.

[보기] 신기록　　신기술　　신상품　　신제품　　신형

① 이번에 나온 (신제품)은/~~는~~ 디자인이 예쁘지만 가격이 비싸다.

② 이번 올림픽에서 수영 경기에서만 (　　　　　)이/가 10개나 나왔다.

③ 그 휴대 전화는 너무 구형이다. 이번에 새로 나온 (　　　　　)으로/로 바꿔 봐.

④ 이번 여름 세일이 끝나면 가을 (　　　　　)이/가 나온다니까 가을 옷은 그때 사야겠다.

⑤ 이 자동차는 (　　　　　)을/를 이용해서 만든 것으로 시속 400km까지 달릴 수 있습니다.

2. 다음 빈 칸에 공통으로 들어갈 말을 [보기]에서 골라 쓰십시오.

[보기] 기능　　가사　　판매　　드디어　　새롭다　　완벽하다

①	세탁 ______	탈수 ______	건조 ______	(기능)
②	______ 가격	할인 ______	______ 사원	(　　　)
③	______ 노동	______ 도우미	______ 을/를 돌보다	(　　　)
④	______ 나오다	______ 발견되다	______ 밝혀지다	(　　　)
⑤	______ 은/ㄴ 생각	______ 은/ㄴ 소식	______ 은/ㄴ 생활	(　　　)
⑥	______ 은/ㄴ 솜씨	______ 은/ㄴ 작품	______ 은/ㄴ 연주	(　　　)

문법

-듯이

3. 관계있는 문장을 연결하고 '-듯이'를 사용해 문장을 만드십시오.

비 오다 •	• 자주 하다
물 쓰다 •	• 걷다
눈 녹다 •	• 사라지다
밥 먹다 •	• 흐르다
불 보다 •	• 돈을 쓰다
춤을 추다 •	• 당연하다

❶ 운동을 하니까 땀이 비 오듯이 흐른다
❷ 그 사람은 돈을 너무 ______ 써서 큰일이에요.
❸ 친구의 말을 듣고 그동안 그 친구를 미워했던 마음이 ______ 사라졌다.
❹ 그 무용수는 항상 ______ 걸어 다녀서 지나가던 사람들이 다 쳐다본다.
❺ 그 아이는 거짓말을 ______ 자주 해서 이제는 아무도 그 아이의 말을 믿지 않는다.
❻ 이번 일이 실패할 거라는 것은 ______ 뻔한 일이니까 다시 생각해 보는 것이 좋겠다.

4. 다음 [보기]의 문장을 사용해 대화를 완성하십시오.

[보기]		
다람쥐 쳇바퀴 돌다	아이를 돌보다	부모가 그렇다
바늘 가는 데 실 가다	가뭄에 콩 나다	사람마다 생긴 것이 다르다

❶ 가 : 회사 생활이 어때요?
나 : 늘 다람쥐 쳇바퀴 돌듯이 똑같은 생활이 계속되니까 재미없어요.

❷ 가 : 밍밍 씨는 강아지를 정말 좋아하나 봐요.
나 : 그럼요. 밍밍 씨는 ______ 강아지를 돌봐요.

❸ 가 : 저는 다른 사람들도 저와 같은 생각인 줄 알았는데……. 제가 잘못 생각했나 봐요.
나 : ______ 생각도 다 다르지요.

❹ 가 : 저 두 사람은 어떤 사이예요?

나 : ______________________ 항상 붙어 다니는 걸 보면 모르겠어요? 연인 사이잖아요.

❺ 가 : 아들 잘못으로 부모가 고생하는군요.

나 : 이 세상의 모든 ______________________ 그 부모도 자식을 위해서는 어쩔 수 없었겠지요.

❻ 가 : 남편이 집안일을 자주 도와주세요?

나 : 아니요, ______________________ 해요.

은 물론

5. 다음 대화를 완성하십시오.

❶ 가 : 그 노래가 요즘 제일 인기가 있다지요?

나 : 네, 어른들은 물론 아이들한테도 인기가 많대요.

❷ 가 : 집에 에어컨이 없다고요?

나 : 네, 에어컨은 물론 ______________________.

❸ 가 : 이 죽을 아이들이 좋아할까요?

나 : 그럼요. 어른들은 물론 ______________________.

❹ 가 : 모임을 하려고 하는데 언제 시간이 있어요?

나 : 미안해요. 요즘은 연말이라서 주말에는 물론 ______________________ ______________________.

❺ 가 : 여행을 좋아하신다고 하던데 여행을 많이 다니셨어요?

나 : ______________________ 은/는 물론 외국도 많이 가 봤어요.

❻ 가 : 학교에 다니면서 아르바이트를 하는 건 좀 무리라고 봐요. 아르바이트를 그만두지 그래요?

나 : 그러고 싶지만 ______________________ 은/는 물론 생활비도 부족해서 꼭 해야 해요.

YONSEI WORKBOOK 3

6. 다음 표를 보고 '은 물론' 을 사용해 대화를 완성하십시오.

광고	내용
❶ 한식집	한식 / 양식 (점심시간만)
❷ MP3	음악 듣기 / 텔레비전 시청 가능
❸ 여행 카드	전국 호텔 예약 시 5% 할인 / 비행기 표 예약 시 3% 할인
❹ 눈썰매장	아이 / 어른
❺ 휴대 전화	국내 / 해외에서 이용 가능
❻ 가사 도우미	아이 돌보기 / 집안일

❶ 가 : 이 식당에서는 한식만 먹을 수 있어요?

나 : 네, 하지만 점심시간에는 한식 은/~~는~~ 물론 양식 도 먹을 수 있어요.

❷ 가 : 이 MP3는 다른 것보다 더 비싼데 어떤 기능이 있어요?

나 : .... 은/는 물론 .... 도 볼 수 있는 신제품입니다.

❸ 가 : 이 카드로 호텔을 예약하면 할인을 받을 수 있어요?

나 : 그럼요, ...

❹ 가 : 이 썰매장은 다른 곳보다 아주 길고 재미있겠는데요.

나 : 네. 그래서 ....

❺ 가 : 이 휴대 전화는 해외에서도 이용이 가능한가요?

나 : 물론이죠. ....

❻ 가 : 아이만 봐 주시나요?

나 : ....

10과 5항

어휘와 문법

1. 다음 [보기]에서 알맞은 말을 골라 빈 칸에 쓰십시오.

[보기]	가정하다	기대하다	늘다	반성하다	변하다
	상상하다	예상하다	향상되다	회상하다	후회하다

❶ 한국에 와서 몸무게가 많이 (　　　　　　)었다/았다/였다.
❷ 우리가 노인이라고 (　　　　　　)고 이 문제를 생각해 보자.
❸ 그 사람은 회사를 그만둔 것을 (　　　　　　)고 있는 것 같다.
❹ 그 선수의 기록은 작년에 비해 많이 (　　　　　　)었다/았다/였다.
❺ 스웨터를 뜨거운 물로 빨아서 모양이 (　　　　　　)었다/았다/였다.
❻ 기상청에서는 곧 장마가 끝날 것으로 (　　　　　　)었다/았다/였다.
❼ (　　　　　　)고 있을 테니까 좋은 선물 사 가지고 와야 돼. 알았지?
❽ 성공하려면 하루를 (　　　　　　)고 내일을 계획하는 시간이 필요하다.
❾ 할머니께서는 힘들었던 지난날을 (　　　　　　)으니까/니까 눈물이 난다고 했다.
❿ 유학 생활이 힘들 때에는 졸업할 때의 내 모습을 (　　　　　　)으면서/면서 힘을 내요.

2. 다음 [보기]에서 알맞은 말을 골라 빈 칸에 쓰십시오.

[보기]	기능	사정	양쪽	드디어	어느새
	바라다	새롭다	완벽하다	판매되다	흐르다

❶ 밍밍 씨가 (　　　　　　) 내일 결혼을 하는구나.
❷ 입학한 지가 엊그제 같은데 (　　　　　　) 졸업이다.
❸ 시험에 꼭 합격하시기를 (　　　　　　)습니다/ㅂ니다.
❹ 요즘 휴대 전화는 다양한 (　　　　　　)을/를 갖고 있다.
❺ 이 세상에 단점 하나 없이 (　　　　　　)는/은/ㄴ 사람은 없다.
❻ 신제품이 나와서 옛날 제품은 더 이상 (　　　　　　)지 않는다.
❼ 김 선생님은 집안 (　　　　　　)으로/로 오늘 출근하지 않으셨다.
❽ (　　　　　　)는/은/ㄴ 곳에 가서 보고 듣고 느끼는 것은 좋은 경험이 된다.
❾ 시간이 많이 (　　　　　　)었지만/았지만/였지만 선생님 모습은 여전하셨다.
❿ 한쪽 이야기만 듣지 말고 (　　　　　　)의 이야기를 다 들어 보고 판단해야지요.

3. 다음 대화를 완성하십시오.

❶ 가 : 이가 많이 썩었네요. 아이가 과자나 사탕을 많이 먹나요?
나 : 네, 사탕을 너무 좋아해서 .... 다가도 사탕이라고 하면 벌떡 일어나요.

❷ 가 : 영화를 자주 보세요?
나 : 전에는 주말마다 .... 곤 했는데 요즘은 바빠서 거의 못 봐요.

❸ 가 : 안녕하세요? 전에 옆집에 살던 승연이에요.
나 : 아니, ... 전만 해도 어린 아이였는데 벌써 어른이 다 되었구나.

❹ 가 : 우유는 완전식품인가요?
나 : 네, 우유에는 여러 가지 영양소가 많아서 .... 는다고/다고/이라고 할 수 있지요.

❺ 가 : 그 사람은 꼼꼼하지요?
나 : 네, 실수가 거의 없으니까 .... 는다고/다고/이라고 할 수 있어요.

❻ 가 : 샤오밍 씨가 소포를 받았겠지요?
나 : 중국까지 이틀 정도 걸린다고 했으니까 어제쯤 .... 었을/았을/였을 거예요.

❼ 가 : 한국말을 좀 더 .... 었다면/았다면/였다면 지금쯤 한국 회사에 취직했을 텐데…….
나 : 지금도 늦지 않았어요. 열심히 공부하세요.

❽ 가 : 그 아이는 거짓말을 .... 듯이 해서 엄마한테 자주 혼난대요.
나 : 세 살 버릇은 여든까지 간다고 야단칠 일은 야단쳐야지요.

❾ 가 : 곧 방학이네요. 방학을 싫어하는 사람은 없는 것 같아요.
나 : 네, ... 은/는 물론 선생님들도 방학을 좋아하신대요.

❿ 가 : 올가 씨가 한국어를 아주 잘 한다면서요?
나 : 네, ... 은/는 물론 ....

4. 다음 중 맞는 문장에 ○표 하십시오.

❶ 태우 씨는 학교에 가다가도 친구를 만났다. ( )
태우 씨는 학교에 가다가 친구를 만났다. ( )

❷ 어렸을 때는 주말마다 할머니 댁에 가곤 했어요. ( )
어렸을 때는 주말마다 할머니 댁에 갔곤 했어요. ( )

❸ 키가 큰다면 농구 선수가 됐을 거예요. ( )
키가 컸다면 농구 선수가 됐을 거예요. ( )

❹ 9시가 넘었으니까 수업이 시작될 거예요. ( )
9시가 넘었으니까 수업이 시작됐을 거예요. ( )

❺ 사과 편지를 받고 그 친구를 미워하던 마음이 눈 녹듯이 보였어요. ( )
사과 편지를 받고 그 친구를 미워하던 마음이 눈 녹듯이 사라졌어요. ( )

❻ 그 서점에서는 책은 물론 학용품까지 살 수 있어요. ( )
그 서점에서는 학용품은 물론 책까지 살 수 있어요. ( )

듣기 연습

CD: 23~24

1. 대화를 듣고 질문에 대답하십시오.

1) 두 사람은 지금 무슨 이야기를 합니까? (　　　　)

❶ 어린 시절　❷ 자신의 성격　❸ 자신의 아이　❹ 취미

2) 들은 내용과 같으면 ○표, 다르면 ×표 하십시오.

❶ 남자는 부모님 말씀을 잘 듣는 좋은 아이였던 것 같다. (　　)
❷ 여자는 남자가 어렸을 때 야단을 많이 맞았을 거라고 생각하는 것 같다. (　　)
❸ 남자는 어렸을 때 친구들한테만 장난을 쳤다. (　　)
❹ 여자는 지금도 조용한 성격인 것 같다. (　　)
❺ 여자는 어렸을 때 독서하기를 좋아했던 것 같다. (　　)

2. 대화를 듣고 질문에 대답하십시오.

1) 두 사람은 무엇을 걱정하고 있습니까? (　　　　)

❶ 취직이 어려워서
❷ 전공을 정하지 못해서
❸ 전공 공부가 어려워서
❹ 미래에 어떤 직업이 좋을지 몰라서

2) 들은 내용과 같은 것을 고르십시오. (　　　　)

❶ 남자는 20년 후에도 지금과 생활이 별로 달라질 것이 없다고 생각한다.
❷ 남자는 벌써 미래에 꼭 필요한 직업을 갖고 있다.
❸ 여자는 지금 공부하는 것이 필요 없게 될지도 모른다고 생각한다.
❹ 여자는 남자 이야기를 듣고 컴퓨터 공부를 시작할 것 같다.

읽기 연습

1. 다음 글을 읽고 질문에 대답하십시오.

며칠 전 '학교 종이 땡땡땡'이라는 전시회에 다녀왔다. 1970, 80년대의 학교 풍경을 보여 주는 전시회였는데, 책상에서 난로, 도시락까지 그때의 교실 모습 그대로였다. 교복을 입고 전시장을 왔다 갔다 하는 진행 요원의 모습이 학창 시절을 떠오르게 했다. 옛날 모습을 추억하는 행사라서 나이가 많은 관람객부터 방학을 맞은 어린이까지 다양한 연령층이 전시장을 찾았고, 곳곳에서 웃음소리가 터져 나왔다.

다른 한편에서는 ㉠할머니 몇 분께 졸업장을 드리는 행사가 진행되고 있었다. 처음에는 단체 관람을 오신 할머니들께 기념품으로 졸업장을 만들어 주는 것이라고 생각했다. 그런데 알고 보니까 어린 시절에 가난 때문에 학교를 졸업하지 못한 할머니들을 서울시에서 전시회에 초대한 것이었다. 비록 이벤트용 졸업장이지만 힘들게 살아온 그분들께는 의미있는 선물이 되었을 것이다.

방학을 맞은 아이들에게 좋은 시간을 갖게 해 주고 싶어서 전시장을 찾았지만 내가 더욱 많은 것을 깨달은 시간이었다. 전시된 것들은 오래된 물건에 불과했지만 그것들로 인해 나는 미래를 살아가는 힘을 얻은 것 같다.

1) 글의 내용과 같으면 ○표, 다르면 ×표 하십시오.

❶ 이 전시회장에는 학창 시절을 추억할 수 있는 것들이 많았다. ( )
❷ 전시회장에는 할머니, 할아버지 관람객뿐이었다. ( )
❸ 이 사람은 아이들과 함께 전시회를 보러 갔다. ( )
❹ 이 전시회는 이 사람에게 과거를 추억하게 했을 뿐만 아니라 미래를 살아갈 힘까지 준 것 같다. ( )

2) ㉠'할머니 몇 분'에 대한 설명으로 맞는 것을 고르십시오. ( )

❶ 할머니들은 단체로 관람을 왔다.
❷ 할머니들은 외국에서 오신 분들이다.
❸ 할머니들은 돈이 없어서 학교를 졸업하지 못했다.
❹ 할머니들은 아이들에게 어린 시절 이야기를 해 주셨다.

3) 이 전시회에는 어떤 특별한 행사가 있었습니까? 쓰십시오.

2. 다음 글을 읽고 질문에 대답하십시오.

미래의 인간은 어떤 모습일까? 과학 기술의 발달은 우리 몸을 어떻게 변화시킬까? 과학자들은 인간 몸의 미래를 다음과 같이 예상했다.

(가) 앞으로 10년 내 우주인 다이어트 기기가 등장해 비만 문제를 해결할 것으로 보인다. 2015년 정도에는 우주인 훈련 시설과 비슷하게 생겨서 10분만 누워 있으면 한 시간 이상 격렬한 운동을 한 것과 같은 효과를 거둘 수 있는 운동 기구가 등장할 것이라고 한다.

(나) 앞으로 15년 후에는 생각만으로 사물을 움직일 수 있을 것으로 예상된다. 미국에서는 인간과 컴퓨터가 정보를 주고 받아 생각만으로 전기 휠체어, 컴퓨터, 텔레비전 등을 마음대로 움직일 수 있게 하는 연구를 하고 있는데 15년 정도 후면 가능할 것으로 보인다고 한다.

(다) 앞으로 20년 후 일어날 예측 가운데 가장 놀라운 것은 남성의 출산이다. 현재 과학자들은 이론적으로 남성도 아이를 가질 수 있다고 설명하는데 20년 후에는 가능할 것으로 예상하고 있다.

이와 함께 2028년 정도에는 모든 질병을 막을 수 있을 것이며 2060년에는 몸의 각 기관을 마음대로 바꿀 수 있는 시대가 열릴 것으로 예상했다.

1) 이 글은 어디에 실린 글일까요? (　　　)

❶ 건강 잡지　❷ 과학 잡지　❸ 경제 잡지　❹ 문화 예술 잡지

2) 각 단락의 중심 내용을 쓰십시오.

(가) : ....

(나) : ....

(다) : ....

3) 글의 내용과 같으면 ○표, 다르면 ×표 하십시오.

❶ 미래에는 특별히 운동하지 않아도 살을 뺄 수 있을 것이다. (　　　)

❷ 미래에도 생각만으로 사물을 움직이게 하는 것은 힘들 것이다. (　　　)

❸ 남성이 아이를 갖는 것은 영원히 불가능하다. (　　　)

❹ 미래에는 시력이 나쁜 눈을 시력이 좋은 눈으로 바꿀 수 있을 것이다. (　　　)

말하기 · 쓰기 연습

1. 배운 문법을 사용해 친구에게 질문하고 대답하십시오.

질문	친구 1	친구 2
❶ 여러분은 어렸을 때 어떤 아이였습니까? 친구들과 무엇을 했습니까? (–는다고 할 수 있다, –곤 하다)		
❷ 여러분의 집이나 가족은 예전과 어떻게 달라졌습니까? (전만 해도, –곤 하다)		
❸ 여러분이 한국말을 공부하러 한국에 오지 않았다면 어땠을까요? (–었다면, –었을 것이다)		
❹ 여러분이 생각하는 미래는 어떤 모습입니까? (은 물론)		

2. 다음 글을 읽고 여러분이라면 이 사람에게 어떻게 조언할지 써 보십시오. 그리고 친구와 같이 이야기해 보십시오.

8월 4일

오늘도 힘든 하루였다. 하루 종일 아프다고 소리치는 환자들만 보니까 나도 모르게 우울해진다. 이런 날은 의사가 된 게 후회가 되기도 한다. 나는 왜 이렇게 힘든 의사가 되었을까? 보람 때문이었을까? 처음에는 내가 치료해서 병이 나은 환자를 보면서 흐뭇해했는데 이제는 환자들이 내가 해야 할 일로만 보인다. 그럼, 돈 때문이었을까? 그것도 아닌 것 같다. 난 돈이 그렇게 중요하다고 생각하지 않으니까 말이다.

15년 전에 다른 선택을 했다면 어땠을까? 난 그때 음대에 가고 싶었지만 부모님의 반대로 의대에 진학할 수밖에 없었다. 음대에 갔다면 지금 더 행복했을까?

복습 문제 (6과 - 10과)

Ⅰ. 다음 [보기]에서 알맞은 말을 골라 빈 칸에 쓰십시오.

[보기]	갑자기	그만	그밖에	마침	슬슬
	아무리	어느새	오히려	유난히	잔뜩

1. (　　　　　) 바빠도 아침은 꼭 드셔야지요.
2. 어두워지는데 이제 (　　　　　) 출발해 볼까요?
3. 너무 놀라서 (　　　　　) 소리를 지르고 말았다.
4. 잘못을 하고도 (　　　　　) 화를 내는 사람들도 있다.
5. 구름이 (　　　　　) 낀 걸 보니까 곧 비가 올 모양이다.
6. 잘 나오던 텔레비전이 고장이 났는지 (　　　　　) 꺼졌어요.
7. 맛있는 만두가 먹고 싶었는데 (　　　　　) 어머니께서 사 오셨다.
8. (　　　　　) 궁금한 사항은 전화나 이메일로 문의하시기 바랍니다.
9. 입학한 지가 엊그제 같은데 (　　　　　) 졸업이라니 시간은 정말 빠르다.
10. 작년에는 비가 많이 오지 않았는데, 올 여름은 (　　　　　) 비가 많이 오는 것 같다.

Ⅱ. 빈 칸에 들어갈 말을 고르십시오.

1. 경찰은 집 나온 아이들을 (　　　)어서/아서/여서 집으로 돌려 보냈다.
   ❶ 설득하다　❷ 설명하다　❸ 이해하다　❹ 화해하다

2. 제가 잘못했습니다. 제 실수이니까 (　　　)지 않겠습니다.
   ❶ 사과하다　❷ 변명하다　❸ 양해를 구하다　❹ 용서를 빌다

3. 생활수준이 (　　　)으면서/면서 건강에 대한 관심이 높아졌다.
   ❶ 늘다　❷ 변하다　❸ 발전하다　❹ 향상되다

4. 그 남자는 수요일을 화요일로 (　　　)어/아/여 약속을 어겼다.
   ❶ 실수하다　❷ 잘못하다　❸ 착각하다　❹ 오해하다

5. 인간이 물 없이 사는 것은 (　　　)다.
   ❶ 곤란하다　❷ 어렵다　❸ 힘들다　❹ 불가능하다

Ⅲ. 어울리지 **않는** 말을 찾으십시오.

1. 고민 (　　　)　❶ 고민을 하다　❷ 고민이 생기다　❸ 고민을 해결하다　❹ 고민이 나타나다

2. 부담 (　　　)　❶ 부담이 되다　❷ 부담이 크다　❸ 부담이 없다　❹ 부담이 생기다

3. 부탁 (　　　)　❶ 부탁을 하다　❷ 부탁을 받다　❸ 부탁을 당하다　❹ 부탁을 들어주다

4. 안부 (　　　)　❶ 안부가 궁금하다　❷ 안부를 드리다　❸ 안부를 묻다　❹ 안부를 전하다

5. 오해 (　　　)　❶ 오해를 입다　❷ 오해가 풀리다　❸ 오해를 사다　❹ 오해가 생기다

Ⅳ. 다른 것과 관계가 **다른** 하나를 고르십시오.

1. (　　　)
❶ 돌잔치　❷ 야유회　❸ 차례　❹ 회갑 잔치

2. (　　　)
❶ 신상품　❷ 신제품　❸ 신형　❹ 신호

3. (　　　)
❶ 결과　❷ 사정　❸ 상황　❹ 형편

4. (　　　)
❶ 발전하다　❷ 변하다　❸ 좋아지다　❹ 향상되다

5. (　　　)
❶ 싱싱하다　❷ 예상하다　❸ 추측하다　❹ 회상하다

Ⅴ. 다음 [보기]의 문형을 한 번만 사용해 두 문장을 연결하십시오.

[보기] -어다가	-고 나서	-을까 봐	-고 해서	-으면서도
-느라고	-게	-다니	-다가도	은 물론

1. 값도 쌉니다. / 옷을 세 벌 샀습니다.
→

2. 도서관에서 책을 빌렸습니다. / 읽었습니다.
→

3. 그 이야기를 들었습니다. / 생각이 달라졌습니다.
→

4. 그 아이는 웁니다. / 그 노래만 들으면 웃습니다.
→

5. 그 극장 좀 찾아갑니다. / 약도를 그려 주세요.
→

6. 5월에 눈이 왔습니다. / 믿을 수가 없었습니다.
→

7. 밤새도록 영화를 봤습니다. / 숙제를 하지 못했습니다.
→

8. 같은 반 친구를 봤습니다. / 인사를 하지 않았습니다.
→

9. 아침에 일어나지 못합니다. / 자명종을 두 개나 맞춰 놓았습니다.
→

10. 주말에 하는 역사 드라마는 여자들이 좋아합니다. / 남자들도 좋아합니다.
→

Ⅵ. 다음 중 맞는 문장에 ○표 하십시오.

1. 친구 생일이라서 케이크를 만들다가 선물로 줬다. (　　)
   친구 생일이라서 케이크를 만들어다가 선물로 줬다. (　　)

2. 밤에 잠을 잘 못 잘까 봐 커피를 마시지 않았어요. (　　)
   밤에 잠을 잘 못 잘까 봐 커피를 마시지 마세요. (　　)

3. 운동이 건강에 좋은 줄 알면서도 안 해요. (　　)
   운동이 건강에 좋은 줄 알면서도 해요. (　　)

4. 화장을 하느라고 학교에 늦었어요. (　　)
   늦게 일어나느라고 학교에 늦었어요. (　　)

5. 10년 전만 해도 별로 달라진 것이 없다. (　　)
   10년 전만 해도 여기는 사람이 살지 않는 곳이었다. (　　)

Ⅶ. 다음 문장에서 틀린 부분을 찾아 맞게 고치십시오.

1. 웨이 씨가 많이 아픈다니요? 아침에 만났을 때는 괜찮았는데요.
   →

2. 오늘은 비가 오다니까 축구 시합을 내일로 미룹시다.
   →

3. 어제 친구 생일 파티에서 어찌나 술을 많이 마신지 아직도 머리가 아프다.
   →

4 요즘은 날씨가 너무 더워라서 하루 종일 에어컨을 켜고 산다.
   →

5. 그 사람은 돈을 물 쓰는 듯이 쓴다.
   →

Ⅷ. 다음 문장을 완성하십시오.

1. 집으로 전화를 한다는 것이 ______________________.
2. 하루 종일 자고도 ______________________.
3. 책을 사고는 ______________________.
4. ______________________ 게 일찍 출발하세요.
5. 내가 키가 더 컸다면 ______________________.

Ⅸ. 다음 [보기]에서 알맞은 문형을 골라 대화를 완성하십시오.

[보기] 담화 표지 -어다가 -어 버리다 이라도 -지

가 : 여기에 있던 내 샌드위치 못 봤니?

나 : ❶ ______________? 그게 네 거였어? 너무 배가 고파서 내가 ❷ ______________ 었는데/았는데/였는데 어떻게 하지?
(먹다)

가 : 남의 건데 이야기를 ❸ ______________.
(하고 먹다)

나 : 미안해. 내가 지금 식당에 가서 ❹ ______________ 사 가지고 올까?
(김밥)

가 : 그렇게 해 주면 고맙고. 올 때 우유도 좀 ❺ ______________ 줄래?
(사다)

[보기] -고 나서 -고 말다 -다니 -더라 -었다면

가 : 어제 그 영화는 어땠어?

나 : 정말 ❻ ______________. 너도 ❼ ______________ 좋아했을 거야.
(재미있다) (보다)

가 : 그렇게 재미있었어?

나 : 응, 그리고 감동적이기도 했어. 마지막 장면에서는 너무 슬퍼서 ❽ ______________ 었어/았어/였어.
(울다)

가 : 영화를 보고 네가 ❾ ______________ 아무도 믿지 않을 거야.
(울다)

나 : 너도 그 영화를 한번 봐 봐. 영화 ❿ ______________ 우리 다시 얘기하자.
(보다)

X. 다음 대화를 완성하십시오.

1. 가 : 어제 새로 생긴 서점에 다녀왔다면서? 그 서점 어때?
   나 : ________________ 더라.
2. 가 : 나는 그 배우가 왜 인기가 있는지 모르겠어.
   나 : ________________ 잖아.
3. 가 : 어제 왜 약속을 취소하셨어요?
   나 : ________________ 고 해서 ________________.
4. 가 : 일주일 동안 약을 먹었는데도 감기가 낫지 않네요.
   나 : ________________ 지 그래요?
5. 가 : 이번 쓰기 시험에서 100점을 받지 못한 학생이 없대요.
   나 : ________________ 었단/았단/였단 말이에요?
6. 가 : 이런 실수를 하시면 어떻게 해요? 다음부터는 조심하세요.
   나 : ________________ 도록 하겠습니다.
7. 가 : 상담 선생님께 상담을 받으려면 어떻게 해야 해요?
   나 : ________________ 으면/면 돼요.
8. 가 : 백화점에 왜 이렇게 사람이 많아요?
   나 : ________________ 이라서/라서 그래요.
9. 가 : 여행 가서 좋았어요?
   나 : ________________ 기는요. 비가 와서 고생만 했어요.
10. 가 : 우리 강아지가 살이 많이 쪄서 걱정이에요.
    나 : 그래요? 우선 ________________ 게 하세요.
11. 가 : 한국 사람들은 ________________ 는다지요/ㄴ다지요/다지요?
    나 : 네, 한식에는 김치가 빠지지 않으니까 날마다 먹게 되지요.
12. 가 : 치즈버거 두 개요? ________________ 으실/실 건가요?
    나 : 아니요, 가지고 갈 거예요.
13. 가 : 아이가 사탕을 좋아하나 봐요.
    나 : 네, ________________ 다가도 ________________.
14. 가 : 태우 씨는 어렸을 때 어땠어요?
    나 : 저는 책 읽는 걸 좋아해서 틈만 나면 ________________ 곤 했어요.
15. 가 : 안드레이 씨 봤어요?
    나 : 교실에 없어요? ________________ 전만 해도 ________________.

쉼터 5 - 퀴즈

〈한국어에 대한 퀴즈〉

- 다음 질문에 대답하십시오. (3X5=15점)

1) 다른 곳에 가서 구경하는 것을 무엇이라고 하나요? (　　　)

❶ 간광　　　　❷ 관광

2) 어른을 만나는 것을 뭐라고 하나요? (　　　)

❶ 뵙다　　　　❷ 벱다

3) 남에게 끼치는 괴로움을 의미하는 말은 무엇인가요? (　　　)

❶ 페　　　　❷ 폐

4) 다음 중 맞는 것을 고르세요. (　　　)

❶ 웃어른　　　　❷ 윗어른

5) 다음 중 맞는 것을 고르세요. (　　　)

❶ 우표를 부치다　　❷ 우표를 붙이다

〈한국에 대한 퀴즈〉

- 다음 도시들은 무엇으로 유명합니까? [보기]에서 골라 빈 칸에 쓰십시오. (3X5=15점)

[보기] 귤	냉면	녹차	닭갈비	호두

1) 보성 (　　　) - 여기에 가면 ○○밭이 많이 있습니다. 영화나 광고에도 많이 나옵니다.
2) 제주도 (　　　) - 이것은 여기에서만 나옵니다. 달콤, 새콤한 과일이에요.
3) 천안 (　　　) - 이것으로 ○○과자를 만듭니다. 고속도로 휴게소에 가면 많이 볼 수 있답니다.
4) 춘천 (　　　) - 유명한 음식입니다. 매운 양념을 넣고 닭고기와 채소를 볶아서 만듭니다. 값도 비싸지 않고 아주 맛있답니다.
5) 평양 (　　　) - 여름에 시원하게 먹을 수 있지만 사실은 겨울에 먹는 음식이었답니다.

• 다음 질문에 대답하십시오. (3X10=30점)

1) 한글날은 언제입니까? (　　　　)

❶ 5월 5일　　❷ 10월 9일　　❸ 12월 25일

2) 한국의 꽃은 무엇입니까? (　　　　)

❶ 장미꽃　　❷ 무궁화　　❸ 카네이션 꽃

3) 생일날 꼭 먹는 것은 무엇입니까? (　　　　)

❶ 삼계탕　　❷ 육개장　　❸ 미역국

4) 한국의 국기를 무엇이라고 부릅니까? (　　　　)

❶ 대국기　　❷ 태국기　　❸ 태극기

5) 제주도에 있는 산 이름은 무엇입니까? (　　　　)

❶ 설악산　　❷ 지리산　　❸ 한라산

6) 하회 마을로 유명한 곳은 어디입니까? (　　　　)

❶ 안동　　❷ 안성　　❸ 하동

7) 설날에 먹어야 나이를 먹는다는 음식은 무엇입니까? (　　　　)

❶ 송편　　❷ 떡국　　❸ 팥죽

8) 불국사, 석굴암, 첨성대가 있는 곳은 어디입니까? (　　　　)

❶ 경주　　❷ 공주　　❸ 충주

9) 조선 시대부터 한국의 수도인 서울을 흐르는 강 이름은 무엇입니까? (　　　　)

❶ 한강　　❷ 대동강　　❸ 낙동강

10) 한국 사람들은 이 동물 꿈을 꾸면 큰 돈이 생긴다고 합니다. 이 동물은 무엇입니까?
(　　　　)

❶ 개　　❷ 돼지　　❸ 호랑이

〈수수께끼〉

• 다음 □안에 맞는 말을 쓰십시오. (4X10=40점)

① 눈이 녹으면 무엇이 되나요?	□ 물
② 내 것인데 다른 사람이 더 많이 쓰는 것은?	이 □
③ 말은 말인데 타지 못하는 말은?	□ □ 말
④ 문제가 가장 많이 있는 것은?	시 □
⑤ 이상한 사람들이 모이는 곳은?	□ 과
⑥ 낮이 아니면 할 수 없는 일은?	낮 □
⑦ 개 중에서 가장 예쁜 개는?	□ □ 개
⑧ 집에서 매일 먹는 약은?	□ 약
⑨ 먹으면 죽는데 안 먹을 수 없는 것은?	□ 이
⑩ 물고기의 반대말은?	□ 고 기

90점 이상 : 아주 우수합니다.
70~89점 : 우수합니다.
50~69점 : 좋습니다.
31~49점 : 보통입니다.
30점 이하 : 좀 더 노력하십시오.

십자말풀이 II

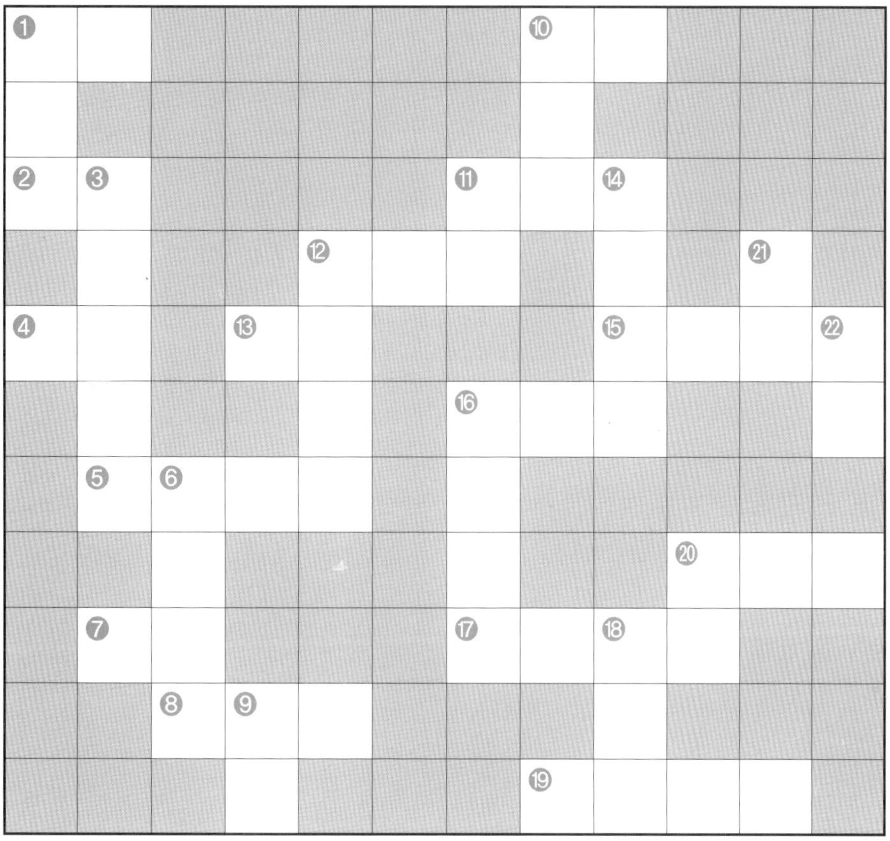

가로

❶ 마침내, 끝에 가서 ○○ 그 사람이 이겼다.
❷ 한 집에서 함께 생활하는 사람
❹ 속해 있는 나라 그 사람은 일본에서 태어났지만 ○○은 한국이에요.
❺ 가까이 가다
❼ 위와 아래
❽ 걱정했던 것과는 다르게 일이 잘 되어, 운이 좋게 ○○○ 잃어버린 지갑을 금방 찾았다.
❿ 군인들의 집단 한국 남자들은 특별한 이유가 없으면 ○○에 가야 한다.
⓫ 눌러서 굳히지 않은 두부 김치찌개도 맛있지만 ○○○ 찌개도 맛이 좋다.
⓬ 어떤 일에 알맞은 사람이나 물건을 다른 사람에게 소개하고 권하는 글 회사에 취직하려고 교수님께 ○○○를 부탁드렸다.
⓭ 마음이나 생각 속에 잊혀지지 않고 남아 있는 것 ○○에 남는 선생님.
⓯ 이를 치료해 주는 병원의 의사
⓰ 상태나 모양이 바뀌다, 달라지다
⓱ 어디에 갔다가 오다 학교에 ○○○○.
⓳ 환하게 빛나고 아름답다 의상이 ○○○○.
⓴ 참깨로 만든 갈색의 기름

세로

❶ 남녀가 정식으로 부부가 되는 의식 청첩장을 받으면 ○○○에 갑니다.
❸ 잘 알 수 있을 만큼 자세하다 그 문제를 해결할 수 있는 ○○○○ 방법을 생각해 봅시다.
❻ 어떤 일이 될 수 있다, 할 수 있다
❾ 여러 사람이 같은 목적을 가지고 함께 하는 모임 문화 ○○, 기념○○
❿ 기름을 발라 구운 만두
⓫ 정해져 있는 차례 발표 ○○
⓬ 지나간 일을 돌이켜 생각하다 즐거웠던 어린 시절을 ○○○○.
⓮ 세게 마주 닿다 달려오는 자동차가 가로수에 ○○○○.
⓰ 어떤 잘못이나 실수에 대해 이유를 말하거나 설명하다
⓲ 기대하는 것과는 반대로 잘못을 하고도 ○○○ 화를 내는 사람이 있다.
⓴ (아픔이나 어려운 일을) 잘 이겨 내다 슬픔을 ○○.
㉑ 물어서 의논함 ○○ 사항이 있으면 사무실로 전화하세요.
㉒ 일의 형편이나 까닭 회사 ○○으로 출장이 연기됐어요.

부록

-듣기 지문
-모범 답안

듣기 지문

6과 1번

할머니께

할머니 그동안 안녕하셨어요? 저 밍밍이에요.

이곳 서울에서 이런저런 일로 바빠서 마음은 그렇지 않은데 할머니께 자주 연락을 못 드렸어요. 죄송합니다.

저는 잘 지내고 있어요. 한국말이 생각보다 좀 어렵기는 하지만 이제 생활하는 데에는 어려움이 없답니다. 한국 음식에도 익숙해졌고 친구들도 많이 사귀었고요.

얼마 전 제 생일에는 같은 반 친구들이 파티도 해 줬어요. 중국에서 온 친구들은 생일 선물로 고향 음식을 많이 만들어다가 줬어요. 할머니가 좋아하시는 만두를 먹을 때는 할머니 생각이 많이 났어요.

할머니 건강하시지요? 할아버지께서는 아직도 허리가 많이 아프세요? 병원에는 계속 다니시지요?

2주 후면 겨울 방학이에요. 방학이 되면 집에 가서 할머니랑 같이 지낼 거예요. 할아버지를 모시고 병원도 같이 가고요. 할머니 너무너무 보고 싶어요.

날씨가 추워지는데 건강 조심하세요. 19일에 뵐게요.

참, 어머니, 아버지께도 안부 전해 주세요.

안녕히 계세요.

12월 3일

서울에서 밍밍 올림

6과 2번

올가 태우 씨랑 같이 오기를 잘 했어요. 저는 한국 사람 결혼식에 와 본 적이 없거든요.

태우 그래요? 그럼 오늘 승연 씨 언니 결혼식 잘 보세요. 좋은 경험이 될 거예요.

올가 그런데 저기 사람들이 들고 있는 하얀 봉투는 뭐예요?

태우 아, 저거요. 한국에서는 결혼식에 초대 받으면 보통 축의금을 내요.

올가 축의금이요?

태우 축하하는 뜻으로 내는 돈이에요. 그 돈을 하얀 봉투에 넣어서 결혼식장 앞에서 주는 거예요.

올가 그럼 우리도 축의금을 내야 하는 거 아니에요?

태우 우리는 선물을 했으니까 괜찮아요.

올가 그렇군요. 그런데 축의금을 준비하려면 결혼식이 많은 달에는 좀 부담이 되겠네요.

태우 네, 그래서 사람들이 결혼을 많이 하는 5월에는 직장인들이 좀 힘들어해요.
저기 승연 씨가 언니랑 나오네요. 축하 인사부터 합시다.

7과 1번

저는 한국에 와서 크고 작은 실수들을 많이 했는데, 특히 말실수가 많았아요. 제가 한 실수가 너무 많아 다 기억나지는 않지만 몇 가지만 소개할게요. 한 번은 피시(PC)방에서 채팅을 하다가 목이 말랐어요.

저는 음료수가 있는 곳으로 가서 주인아저씨께 콜라를 하나 달라고 했어요. 주인아저씨가 선불이라고 하셨는데 저는 그걸 선물이라고 듣고 고맙다고 했어요. 그런데 그 주인아저씨가 또 선불이라고 해서 저는 또 고맙다고 했어요. 그런데 알고 보니까 선불은 돈을 먼저 내라는 말이었어요. 또, 친구 생일 파티에 가서 술잔을 들고 '건배'라고 해야 하는데 '깡패'라고 한 적도 있어요. 제 말을 듣자마자 친구들이 큰 소리로 웃었어요. 저도 나중에 그 단어의 뜻을 알고 나서 얼마나 창피했는지 몰라요. 하지만 이렇게 실수를 하면서 배운 단어는 절대로 잊어버리지 않게 되는 좋은 점도 있어요. 그러니까 여러분도 실수를 할까 봐 걱정하지 마시고 사람들과 이야기를 많이 하세요.

7과 2번

오늘 소개해 드릴 책은 '진실한 사과는 우리를 춤추게 한다'입니다.

이 책은 '칭찬은 고래도 춤추게 한다'의 작가로 유명한 캔 블렌차드의 작품으로 사과하기 어려워하는 사람들에게 꼭 필요한 책입니다. 이 책은 잘못을 했을 때 왜 사과해야 하는지 그리고 어떻게 사과해야 하는지를 구체적으로 잘 설명하고 있습니다. 이 책의 작가는 사과는 잘못을 깨닫는 순간 바로 해야 하며, 진실한 마음으로 해야 한다고 합니다. 그리고 자신이 잘못한 것을 알고 있다는 걸 행동으로 보이는 것이 좋다고 합니다. 그렇게 하면 실수로 안 좋았던 상황이 오히려 더 좋은 상황으로 바뀔 수 있다고 이야기하고 있습니다.

8과 1번

샤오밍 여보세요? 김미선 씨세요?
미선 네, 그런데요. 실례지만 누구세요?
샤오밍 안녕하세요? 저는 왕 샤오밍이라고 합니다. 태우 씨 소개로 전화 드리는 건데요.
미선 네, 안녕하세요? 저도 태우 씨한테 얘기 들었어요.
샤오밍 중국어를 배우고 싶다고 하셨다면서요? 저는 한국어를 연습하고 싶어서요. 미선 씨가 괜찮으면 미선 씨하고 언어 교환을 하고 싶은데요.
미선 아, 좋아요. 샤오밍 씨는 언제 시간이 있는데요?
샤오밍 저는 수업이 1시에 끝나니까 1시 이후면 아무 때나 좋아요.
미선 저는 수업이 좀 늦게 끝나서요. 전 주말이 좋은데 주말에는 어떠세요?
샤오밍 토요일 오후만 빼고는 좋아요. 토요일 오후에는 아르바이트를 하거든요.
미선 그럼 매주 토요일 오전에 만나는 것으로 할까요?
샤오밍 네. 그럼 이번 토요일은 몇 시에 어디에서 만날까요?
미선 11시에 학교 앞 커피숍 어때요?
샤오밍 좋아요, 그럼 이번 토요일에 만나요. 혹시 다른 일이 생기면 연락 주세요.

듣기 지문

8과 2번

히로시	선생님, 안녕하세요?
선생님	네, 안녕하세요? 성함이 어떻게 되세요?
히로시	히로시라고 합니다.
선생님	히로시 씨, 반가워요. 그런데 무슨 일로 찾아오셨어요?
히로시	비자 문제 좀 여쭤 보려고요. 제가 요즘 아르바이트를 하고 있는데요. 사장님께서 다음 학기에는 아침부터 일해 줬으면 좋겠다고 해서요. 그럼 저녁에 수업을 들어야 하는데 그 수업은 학생 비자를 받을 수 없다고 들었어요. 맞아요?
선생님	네, 그래요. 오전 수업을 듣는 학생만 받을 수 있어요. 오전에 수업을 들을 수 없으면 회사에 이야기해서 취업 비자를 받으시지 그래요?
히로시	사장님께 부탁 드려 봤는데 취업 비자를 받으려면 좀 복잡하다고 해서요.
선생님	그래도 일을 하시려면 그렇게 해야 해요. 그냥 지금처럼 오후에만 일하면 안 될까요?
히로시	그럼 사장님께서는 아마 오전부터 일할 수 있는 다른 사람을 구하실 거예요. 저는 돈이 필요해서 아르바이트를 꼭 해야 하거든요.
선생님	그럼 다른 아르바이트 자리를 찾는 건 어때요? 마침 학교 도서관에서 일할 아르바이트 학생을 찾고 있는데 한번 해 볼래요? 오후에만 일하는 거니까 괜찮을 것 같은데요.
히로시	정말요? 좋아요. 그 아르바이트를 하려면 어떻게 해야 하지요?
선생님	여기에 이름하고 전화번호를 쓰세요. 제가 도서관에 연락해 놓을게요.
히로시	감사합니다. 선생님.

9과 1번

주인아저씨, 안녕하세요? 저는 그저께 502호에 이사 온 올가예요. 전화를 안 받으셔서 메시지를 남겨요. 사실은 욕실에 문제가 좀 있어요. 욕실에 있는 수도에서 물이 계속 흘러요. 수도를 꼭 잠갔는데도 계속 물이 흘러서 그 소리 때문에 잠도 잘 수 없어요. 그리고 온수도 잘 나오지 않고요. 어제 3층에 살던 사람이 나가서 빈 방이 하나 있다고 들었는데 아직 그 방이 비어 있다면 제가 그 방으로 옮겨도 될까요? 그 방으로 꼭 옮기고 싶어요. 부탁 드릴게요.

9과 2번

태우	유카 씨, 극장에 간다면서요?
유카	네, 그런데 그걸 어떻게 알았어요?
태우	밍밍 씨한테 들었어요. 그런데 저, 부탁 하나 해도 될까요?
유카	무슨 부탁인데요?
태우	저도 내일 영화를 보려고 하는데 유카 씨가 가는 길에 예매 좀 해 줄 수 있어요?
유카	그럼요. 무슨 영화를 볼 건데요?
태우	'비밀의 방'이요. 오후 2시쯤 시작하는 걸로 두 장만 부탁할게요.

유카	저도 그 영화가 요즘 가장 인기 있다고 해서 그걸 볼까 했는데 친구가 코미디 영화를 좋아해서 다른 걸 예매했어요. 나중에 태우 씨가 보고 어떤지 얘기해 주세요. 그런데 누구하고 갈 거예요?
태우	그건 비밀이에요.

9과 3번

면접관	질문에 대답을 짧게 해 주시기 바랍니다. 먼저 김승우 씨께 질문하겠습니다. 부탁을 잘 하려면 어떻게 해야 할까요?
김승우	먼저 공손하고 예의 바른 말을 사용해서 부탁하는 내용과 이유를 알기 쉽게 설명하는 것이 중요하다고 봅니다. 그래서 부탁을 들어주면 진심으로 고맙다는 표시를 하고 혹시 부탁을 들어주지 않아도 예의에 어긋나는 행동을 하면 안 된다고 생각합니다. 특히 부탁을 할 땐 상대방이 이해할 수 있는 이유를 미리 말하는 것이 더 효과적이라고 봅니다.
면접관	그럼 부탁을 거절하는 자신만의 방법이 있습니까?
김승우	저는 부탁을 잘 거절하지 못하는 성격입니다. 하지만 제가 할 수 없는 일을 부탁 받았을 때는 솔직하게 할 수 없는 이유를 말하고 이해를 구하는 편입니다. 그것이 상대방을 가장 쉽게 이해시킬 수 있고 가장 빨리 거절할 수 있는 방법이라고 생각합니다.

10과 1번

올가	태우 씨는 어렸을 때 어떤 아이였어요?
태우	저요? 전 정말 착한 아이였지요. 부모님 말씀도 잘 듣고 공부도 열심히 하고요.
올가	정말요?
태우	하하, 농담이에요. 장난을 많이 쳤던 것 같아요. 친구들한테는 물론이고 부모님이나 선생님께도요.
올가	그럼 야단을 많이 맞았겠네요.
태우	꼭 그렇지는 않아요. 아주 심한 장난은 치지 않았거든요. 그리고 장난을 치다가도 좀 심하다는 생각이 들면 그만두곤 했어요. 올가 씨는 어렸을 때 어땠는데요?
올가	전 조용한 아이였어요.
태우	올가 씨가요? 거짓말 아니에요?
올가	정말이에요. 책 읽기를 좋아해서 밖에 나가지도 않고 집에서 책만 읽곤 했어요.

듣기 지문

10과 2번

수지 어제 뉴스를 봤는데 20년 후에는 지금 직업과는 다른 직업들이 많이 생길 거래. 없어지는 직업도 많고.

에릭 기술도 발전하고 우리 생활도 많이 변할 테니까 당연히 그렇게 되겠지.

수지 그런데 우리가 열심히 공부해서 가진 직업이 20년 후에는 필요 없게 되면 어떻게 하지?

에릭 그럼 미래에 꼭 필요한 직업을 가지면 되잖아.

수지 그래. 그런데, 그 기사에 따르면 컴퓨터 소프트웨어 엔지니어나 노인 도우미 같이 첨단 기술이나 노인에 관련된 직업이 전망이 좋을 거래. 다 내 전공하고는 관계가 없는 것들이라서 좀 걱정이야.

에릭 그렇게 걱정이 되면 지금이라도 컴퓨터 관련 공부를 더 해 보지 그래? 너 컴퓨터 잘 하잖아.

수지 그럴 생각도 해 봤는데, 다른 공부를 시작하기에 너무 늦지 않았나 하는 생각이 들어.

모범 답안

제6과 모임 문화

6과 1항

1. ❷ 돌잔치 ❸ 차례를 ❹ 집들이 ❺ 결혼식
2. ❷ 큰어머니는 ❸ 안 그래도 ❹ 고생하신 ❺ 우선
3. ❷ 도서관에서 책을 빌려다가 ❸ 정원에서 꽃을 꺾어다가 ❹ 우편함에서 편지를 꺼내다가 ❺ 고기를 사다가 불고기를 만들었어요. ❻ 샌드위치를 만들어다가 공원에서 친구들하고 먹었어요.
4. ❷ 빌려다가 읽자. ❸ 가져다가 드릴게요. ❹ 찾아다가 놓을게. ❺ 뽑아다가 줄래요? ❻ 사다가 걸면 좋겠어요.
5. ❷ 선풍기라도 ❸ 저라도 ❹ 지금이라도 ❺ 내일이라도 ❻ 걸어서라도
6. ❷ 우유라도 ❸ 이메일이라도, 보내세요. ❹ 춘천에라도 가야지. ❺ 버스라도 타고 갈게요. ❻ 동생하고라도 같이 오세요.

6과 2항

1. ❷ 안부 인사를 드리러 ❸ 안부를 물었다. ❹ 안부를 전해 ❺ 안부가 궁금해졌다. ❻ 안부 전화를 한다.
2. ❷ 야 ❸ 준비 중이 ❹ 보이 ❺ 아까
3. ❷ 귀엽 ❸ 집에 가 ❹ 식당에서 아르바이트를 하 ❺ 왔 ❻ 화가 많이 났
4. ❷ 높아졌 ❸ 없 ❹ 그대로시 ❺ 물으시 ❻ 참 예쁘
5. ❷ 졸업이라니요? ❸ 많이 아프다니요? ❹ 숙제라니요? ❺ 열심히 공부하다니요? ❻ 화가 많이 나시다니요?
6. ❷ 외국에 있다니요? ❸ 성형 수술을 하다니요? ❹ 남자 친구와 헤어지다니요? ❺ 사이가 나쁘다니요?❻ 가수로 데뷔하다니요?

6과 3항

1. ❷ 신입생 환영회가 ❸ 회비는 ❹ 선배와 ❺ 후배와 ❻ 뒤풀이
2. ❷ 오랜만이 ❸ 신입생 ❹ 곡 ❺ 오리엔테이션이
3. ❷ 수업이 끝나 ❸ 밥을 먹 ❹ (친구한테) 전화하 ❺ 운동하 ❻ 공부하
4. ❷ 책을 읽 ❸ 이사를 하 ❹ 식사를 하 ❺ 물을 끓이 ❻ 승진하
5. ❷ 좀 서두르 ❸ 남겨 놓 ❹ 좀 일찍 말해 주 ❺ 나도 데려가 ❻ 넣
6. ❷ 먹 ❸가 ❹ 마시지 말 ❺ 다시 맞춰 놓 ❻ 전화를 드리

6과 4항

1. ❷ 야유회 ❸ 동호회 ❹ 회식이 ❺ 회의가
2. ❷ 기대하 ❸ 슬슬 ❹ 목이 쉴 ❺ 잔뜩 ❻ 참석하려고
3. ❷ 지금 회의 중이라니까 ❸ 아기 옷은 많다니까 ❹ 다음 월요일에 시험을 본다니까 ❺ 에릭 씨가 감기에 걸렸다니까 ❻ 태우 씨가 어제 월급을 받았다니까
4. ❷ 설악산 단풍이 아름답다니까 ❸ 밍밍 씨 어머니께서 도자기를 수집하신다니까 ❹ 에릭 씨가 미국에서 영어 선생님이었다니까 ❺ 태우 씨가 남산에 다녀왔다니까 ❻ 샤오밍 씨가 연극을 좋아한다니까
5. ❷ 지하철로 가시 ❸ 우산을 가지고 가시 ❹ 쌀국수를 드시 ❺ 전자 상가에 가 보시 ❻ 운동을 하시
6. ❷ 오시 ❸ 나가서 먹 ❹ 커피나 마시 ❺ 제가 하 ❻ 빌려 드리

6과 5항

1. 가족 모임 : 돌잔치, 차례, 회갑 잔치
   학교 모임 : 동창회, 신입생 오리엔테이션, 신입생 환영회
   회사 모임 : 연수, 직원 단합 대회, 회식
2. ❶ 슬슬 ❷ 곡은 ❸ 기대해도 ❹ 아까 ❺ 안 그래도 ❻ 참석하 ❼ 잔뜩 ❽ 잔치를 ❾ 준비 중이서. ❿ 고생해서
3. ❶ 꺼내다가 ❷ 찬물이라도 ❸ 잘 생겼 ❹ 올가 씨가 장학금을 받다니요? ❺ 떠나 ❻ 우리 집에 들르 ❼ 아주 추워진다니까 ❽ 바쁘다니까 ❾ 약을 드시 ❿ 내
4. ❶ 에다가 ❷ 그려다가 ❸ 에다가 ❹ 사 가지고 ❺ 찾아다가 ❻ 싸 가지고 ❼ 사다가 ❽ 살다가 ❾ 배우다가 ❿ 빌려다가

모범 답안

듣기 연습

1. 1) 밍밍이 할머니께 썼다. 2) ❸ 3) ❷
2. 1) ❶ × ❷ × ❸ ○ ❹ ○ ❺ × 2) 축하하는 뜻으로 내는 돈을 말합니다.

읽기 연습

1. 1) ❶ ○ ❷ × ❸ × ❹ × 2) 12년마다 돌아오는 자기 띠가 5번 돌아서 60세가 되면 사람이 다시 태어나는 것과 같다고 믿었기 때문입니다.
2. 1) ❹ 2) ❶ 3) ❶ ○ ❷ × ❸ × ❹ ○

말하기·쓰기 연습

(생략)

쉼터 3

삼행시 (생략)

제7과 실수와 사과

7과 1항

1. ❷ 조심하세요. ❸ 잘못했어요. ❹ 잊어버렸어요. ❺ 착각했나 ❻ 오해했군요.
2. ❷ 그만 ❸ 어떡하 ❹ 내용 ❺ 일기장을 ❻ 비밀이야.
3. ❷ 달러를 냈군요. ❸ 3급 책을 가져온다는 ❹ 보낸다는 ❺ 도와준다는 ❻ 유카 씨한테 전화한다는, 그만 밍밍 씨한테 잘못 걸었어요.
4. ❷ 자기 집 초인종을 누른다는 것이 다른 집 초인종을 눌렀다. ❸ 자기 옷을 입는다는 것이 다른 사람의 옷을 입고 왔다. ❹ 어제 자기의 가방을 들고 온다는 것이 다른 사람의 노트북 가방을 들고 왔다. ❺ 오백 원짜리를 낸다는 것이 백 원짜리를 냈다. ❻ 731번 버스를 탄다는 것이 713번 버스를 탔다.

5.

늦습니다.	냉장고에 넣었어요.
길이 막힙니다.	열심히 공부했어요.
음식이 상합니다.	택시를 타고 왔어요.
친구가 실망합니다.	말을 하지 않았어요.
시험에 떨어집니다.	높은 곳에 올려놓았어요.
아이들이 깨뜨립니다.	다른 길로 돌아서 왔어요.

❷ 길이 막힐까 봐 다른 길로 돌아서 왔어요.
❸ 음식이 상할까 봐 냉장고에 넣었어요.
❹ 친구가 실망할까 봐 말을 하지 않았어요.
❺ 시험에 떨어질까 봐 열심히 공부했어요.
❻ 아이들이 깨뜨릴까 봐 높은 곳에 올려놓았어요.

6. ❷ 스케이트를 타다가 넘어질까 ❸ 물에 빠질까 ❹ 멀미를 할까 ❺ 산에서 길을 잃을까 ❻ 시험을 못 볼까

7과 2항

1. 2) ❹ 3) ❷ 4) ❸ 5) ❶ 6) ❹
2. ❷ 사이예요? ❸ 친하 ❹ 비위생적이에요. ❺ 끼리 ❻ 불평하
3. ❷ 식어 버렸다. ❸ 끝내 버렸다. ❹ 치워 버렸다. ❺ 써 버렸다. ❻ 마셔 버렸다.
4. ❷ 찢어 버렸다. ❸ 지워 버렸다. ❹ 잘라 버렸다. ❺ 먹어 버렸다. ❻ 끊어 버렸다.
5. ❷ 사서 먹는 게 편하잖아요. ❸ 물건도 많고 싸잖아요. ❹ 질도 좋고 디자인도 예쁘잖아요. ❺ 돈이 없으면 필요 없는 것은 안 사게 되잖아요. ❻ 불편하잖아요.
6. ❷ 멋있 ❸ 비가 오잖아. ❹ 공휴일이잖아요. ❺ 편하잖아요. ❻ 불편하잖아요.

7과 3항

1. ❷ 변명하 ❸ 용서를 비세요. ❹ 양해를 구하세요.
2. ❷ 그럴 리가요. ❸ 볼일이 ❹ 오히려 ❺ 직접적으로 ❻ 들러서
3. ❷ 커피도 맛있고 해서 자주 가요. ❸ 날씨도 덥고 해서 집에만 있었어요. ❹ 할 일도 없고 해서 청소를 해요. ❺ 머리도 아프고 해서 모임에 안 갔어요. ❻ 물어볼 것도 있고 해서 전화를 했어요.
4. ❷ 할 일도 없고 해서 일찍 퇴근했어요. ❸ 조용하고

해서 그 동네로 이사했어요. ❹ 살도 찌고 해서 운동을 시작했어요. ❺ 잠도 안 오고 해서 어젯밤에 다 읽었어. ❻ 분위기도 좋고 해서 거기에 자주 가요.

5. ❷ 바꾸 ❸ 사전을 찾 ❹ 고치 ❺ 아르바이트를 하 ❻ 사무실에 가서 물어보

6. ❷ 식당에서 하지 그래요? ❸ 드라마를 보지 그래요? ❹ 스쿼시를 치지 그래요? ❺ 그럼 배를 타고 가지 그래요? 훨씬 싸요. ❻ 그럼 상품권을 드리지 그래? 어머니가 직접 고르실 수가 있잖아.

7과 4항

1.

이해하다	어떤 사람을 보고 누구인지 알다.
알아보다	다른 사람의 말이나 뉴스 등을 알게 되다.
알아듣다	싸운 다음에 사과하고 다시 사이 좋게 지내다.
화해하다	다른 사람의 생각을 바꾸어서 내 생각과 같이 만들다.
설득하다	말이나 글의 뜻을 알거나 다른 사람의 상황을 알아주다.

❷ 알아볼 ❸ 설득하 ❹ 알아듣 ❺ 화해하니까

2. ❷ 표현할 ❸ 계속 ❹ 부딪쳐서 ❺ 오해를 살

3. ❷ 잘못을 하 ❹ 거짓말을 하 ❺ 시디(CD)를 사 ❸ 읽 ❻ 합격하, 등록을 하지 못했대요.

4. ❷ 고맙다는 인사를 한 번도 한 적이 없어요. ❸ 나를 보고도 인사도 안 하고 그냥 갔잖아. ❹ 부르는 소리를 듣고도 대답도 안 하고 가 버렸잖아. ❺ 받고도 답장도 안 했어. ❻ 받고도 대답도 안 하고 그냥 끊어 버렸잖아.

5. ❷ 수리비가 그렇게 비싸단 ❸ 자동차가 그렇게 많단 ❹ 여자 친구가 그렇게 예쁘단 ❺ 그렇게 조금 받는단 ❻ 그렇게 오래 걸렸단

6. ❷ 삼겹살이 그렇게 싸단 말이에요?
❸ 고등학생이 가짜 물건을 팔았단 말이에요?
❹ 개와 고양이가 그렇게 사이가 좋단 말이에요?
❺ 교도소에 가고 싶어서 은행 강도를 했단 말이에요?
❻ 어른 몸무게가 겨우 35kg밖에 안 된단 말이에요?

7과 5항

1. ❶ 사과하다 ❷ 착각하다 ❸ 알아듣다 ❹ 실수하다 ❺ 변명하다 ❻ 화해하다 ❼ 설득하다 ❽ 알아보다 ❾ 오해하다 ❿ 양해를 구하다

2. ❶ 일기장이 ❷ 내용을 ❸ 비위생적이라고 ❹ 표현하는 ❺ 그만 ❻ 부딪쳤다. ❼ 친했던 ❽ 오히려 ❾ 볼일이 ❿ 불평하니까

3. ❶ 소금을 넣는다는, 설탕을 넣어서 그래요. ❷ 집을 못 찾을까 ❸ 먹어 ❹ 줘 ❺ 기분도 우울하 ❻ 간편하 ❼ 인터넷 뱅킹으로 내 ❽ 들 ❾ 그렇게 비싸단 ❿ 빌려 가서 아직까지 갚지 않았단

4. ❶ 책을 사 놓고도 안 읽었어요. (○)
❷ 취직을 못 할까 봐 걱정이에요. (○)
❸ 휴대 전화가 고장 나서 수리를 맡겼어요. (○)
❹ 지난번 시험을 그렇게 못 봤단 말이에요? (○)
❺ 다 쓴 공책을 버린다는 것이 새 공책을 버렸어요. (○)
❻ 그 친구는 자기를 부르는 말을 듣고도 그냥 가 버렸어요. (○)

듣기 연습

1. 1) 선불이라는 말을 선물이라고 잘못 들어서 2) ❶ × ❷ × ❸ × ❹ ○ 3) 실수한 단어는 절대로 잊어버리지 않게 되는 좋은 점이 있다.

2. 1) 사과하기 어려워하는 사람들 2) ❶ × ❷ ○ ❸ × ❹ ○ ❺ ×

읽기 연습

1. 실수 (잘못)

2. 1) ❷ 2) ❶ 3) ❷ 4) ❶ × ❷ ○ ❸ ○ ❹ ○

말하기·쓰기 연습

(생략)

YONSEI WORKBOOK 3

모범 답안

제8과 학교생활

8과 1항

1.❷ 준비물 ❸ 행사 ❹ 회원 ❺ 회비는

2.❷ 전체가 ❸ 의논해요? ❹ 일정 ❺ 야유회를

3. ❷ ②, 돈이 있으면서도 친구에게 빌려 주지 않았어요. ❸ ①, 돈이 별로 없으면서도 쓰기만 해요.❹ ①, 단어의 뜻을 모르면서도 안다고 말했어요. ❺ ②, 두 사람은 서로 사랑하면서도 결혼하지 않았어요. ❻ ②, 그 사람이 잘못했으면서도 나한테 사과하지 않았어요.

4.❷ 부자이면서도 ❸ 알면서도 ❹ 모르면서도 ❺ 시험을 못 봤으면서도 ❻ 숙제를 안 했으면서도

5.❷ 찾아뵙 ❸ 꼭 오늘까지 끝내 ❹ 늦지 않 ❺ 주차장에 세우 ❻ 따뜻한 차를 마시

6. ❷ 바꿔 놓 ❸ 확인해 보 ❹ 연락하 ❺ 준비해 놓 ❻ 참석하

8과 2항

1. ❷ 국적 ❸ 성별 ❹ 모국어 ❺ 기타 ❻ 연락처

2.❷ 발음이 ❸ 억양이 ❹ 포기하 ❺ 마침 ❻ 시간이 나서

3.❷ 어찌나 추운지 ❸ 어찌나 재미있는지 ❹ 어찌나 많이 부는지 ❺ 어찌나 어려운지 ❻ 어찌나 많이 먹었는지

4.❷ 어찌나 보고 싶은지 ❸ 어찌나 매운지 ❹ 어찌나 슬픈지 ❺ 어찌나 많이 싸 주셨는지 ❻ 어찌나 아픈지

5.❷ 헤어지 ❸ 죽 ❹ 사 ❺ 다 먹 ❻ 자

6. ❷ 보시 ❸ 웃 ❹ 쫓겨나 ❺ 보이 ❻ 화를 내

8과 3항

1. ❷ 고민이십니까? ❸ 의견이 ❹ 충고가 ❺ 문제

2. ❷ 말 못할 ❸ 표정이 ❹ 아무 ❺ 아무리 ❻ 어두워

3. 일기를 쓰다 · · 건강해졌어요.
운전면허를 따다 · · 공연장에 가지 않았어요.
거짓말을 하다 · · 배탈이 나서 병원에 갔어요.
연극 표를 사다 · · 곧 잠이 들었습니다.
팥빙수를 먹다 · · 운전할 생각도 안 해요.
담배를 끊다 · · 얼굴이 빨개졌습니다.

❷ 운전면허를 따, 운전할 생각도 안 해요.
❸ 거짓말을 하, 얼굴이 빨개졌습니다.
❹ 연극 표를 사, 공연장에 가지 않았어요.
❺ 팥빙수를 먹, 배탈이 나서 병원에 갔어요.
❻ 담배를 끊, 건강해졌어요.

4. ❷ 듣 ❸ 놓 ❹ 보 ❺ 화해하지 않 ❻ 사과하

5. ❷ 추울지도 ❸ 길을 잃을지도 ❹ 어두워질지도 ❺ 심심할지도 ❻ 배가 고플지도

6.❷ 필요할지도 ❸ 음식이 부족할지도 ❹ 우리 이야기를 들을지도 ❺ 모자랄지도 ❻ 남편한테서 전화가 올지도

8과 4항

1. ❷ 상담 받 ❸ 신청서를 ❹ 상담 교사 ❺ 조언을

2. ❷ 접수 시키다 ❸ 입학하다 ❹ 면접시험 ❺ 원서

3. ❷ 수선하면 ❸ 진심으로 사과하면 ❹ 전자 상가에 가서 사면 ❺ 요리책을 보면 ❻ 세탁소에 맡기면

4. ❷ 외국인이면 ❸ 시험을 잘 보면 ❹ 물을 더 넣으면 ❺ 수업 시간에 선생님 설명을 잘 들으면 ❻ 떠나기만 하면

5. ❷ 연휴라서 ❸ 어머니 생신이라서 ❹ 시험 기간이라서 ❺ 결혼기념일이라서 ❻ 세일 기간이라서

6. ❷ 명절이라서 ❸ 공사 중이라서 ❹ 설날이라서 ❺ 통화 중이라서 ❻ 설날이라서

8과 5항

1.❶ 기타 ❷ 모국어 ❸ 성별 ❹ 회원 ❺ 일정 ❻ 신청 ❼ 준비물 ❽ 고민 ❾ 상담 ❿ 충고

2.❶ 아무리 ❷ 마침 ❸ 의논하는 ❹ 어찌나 ❺ 일정은 ❻ 어둡다. ❼ 아무 ❽ 포기하 ❾ 시간이 나면 ❿ 원서를

3.❶ 돈이 있으면서도 ❷ 일찍 오 ❸ 어려운지 ❹ 좋아하는지 ❺ 잃어버리고 ❻ 받 ❼ 잊어버릴지도 ❽ 짐을 옮기기만 하면 ❾ 누르면 ❿ 휴가철이라서

4.

❶ 그 물건이 비싼데도 샀어요. (○)
❷ 내일까지 꼭 써 오도록 하겠습니다. (○)
❸ 어찌나 많이 웃었는지 배가 다 아팠어요. (○)

❹ 조심했지만 감기에 걸리고 말았어요. (○)
❺ 그 사람은 옷을 입고는 밖으로 나갔다. (○)
❻ 시험 기간이라서 도서관에 자리가 없어요. (○)

듣기 연습

1. 1) ❷ 2) ❶ × ❷ × ❸ × ❹ ○ ❺ ○
2. 1) ❷ 2) ❷

읽기 연습

1. 1) ❷ 2) ❶ × ❷ × ❸ × ❹ ○
2. 1) 유카 씨에게 좋아한다는 말을 해야 할지 말아야 할지 고민하고 있다. 2) ❶ × ❷ ○ ❸ × ❹ ×

말하기·쓰기 연습

(생략)

쉼터 4

퍼즐 게임

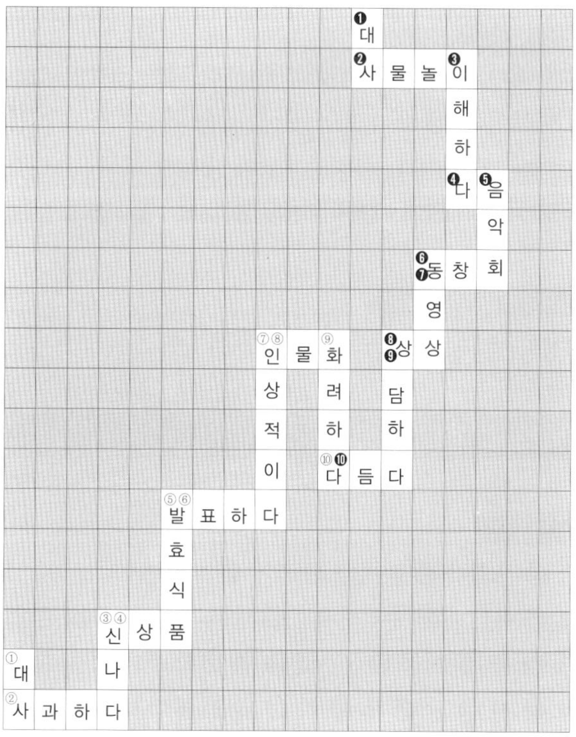

제9과 부탁과 거절

9과 1항

1. ❷ 부탁을 받았다. ❸ 부탁을 들어준다. ❹ 부탁을 했다. ❺ 거절했다. ❻ 거절을 당했다.
2. ❷ 갑자기 ❸ 남아서 ❹ 밤을 새워서 ❺ 뭐 ❻ 어쩐지
3. ❷ 좋 ❸ 안 좋아하 ❹ 다 하 ❺ 미안하 ❻ 잘 치
4. ❷ 잘 추 ❸ 잘 하 ❹ 인기가 많기는요. ❺ 무뚝뚝하기는요. ❻ 말이 없기는요.
5. ❷ 시험공부를 하 ❸ 하숙집을 찾 ❹ 공연 준비를 하느라고 그래요. ❺ 공항에 나가느라고 못 갔어요. ❻ 청소를 하느라고 식사를 못 했어요.
6.

❷ 친구와 술을 마시, 시험공부를 못 했어요.
❸ 친구 대신에 아르바이트를 하, 시험공부를 못 했어요.
❹ 이모 댁에 갔다가 오느라고 시험공부를 못 했어요.
❺ 동생이 아파서 밤새도록 동생을 간호하느라고 시험공부를 못 했어요.
❻ 회사에서 밀린 일을 하느라고 시험공부를 못 했어요.

9과 2항

1. ❷ 약속 시간을 좀 미룰 수 있을까요? ❸ 제가 오늘 찾아뵈어도 될까요? ❹ 사진 좀 찍어주시겠어요? ❺ 여기 앉아도 될까요?
2. ❷ 지나가는 ❸ 누르면 ❹ 발짝 ❺ 내밀면서 ❻ 물러나
3. ❷ 아 ❸ 저기요 ❹ 있잖아 ❺ 글쎄요 ❻ 자
4. ❷ 자 ❸ 여기요 ❹ 글쎄 ❺ 있잖아 ❻ 저
5. ❷ 걸리지 않 ❸ 다치지 않 ❹ 가 ❺ 먹 ❻ 떨어지지 않
6. ❷ 뒷사람이 볼 수 있 ❸ 아이들이 먹지 않 ❹ 사고가 나지 않, 속도를 줄이십시오. ❺ 다른 사람에게 방해가 되지 않, 떠들지 마십시오. ❻ 깨지지 않, 포장을 잘 하십시오.

9과 3항

1. 2) ❷ 3) ❶ 4) ❶ 5) ❸
2. ❷ 출장 ❸ 발표 ❹ 순서 ❺ 부탁

모범 답안

3. ❷ 책이 그렇게 작다니 믿을 수가 없어요. ❸ 딸꾹질을 그렇게 오래 하다니 정말이에요? ❹ 키가 그렇게 크다니 정말이에요? ❺ 이름이 그렇게 길다니 믿어지지 않아요. ❻ 커피가 그렇게 비싸다니 정말이에요?
4. ❷ 기온이 영하 15도로 내려가다니 정말이에요? ❸ 홍수가 일어나다니 정말이에요? ❹ 갑자기 기온이 떨어지고 눈이 내리다니 정말 이상하네요. ❺ 갑자기 날씨가 따뜻해져서 겨울에 여름옷을 입고 다니다니 믿을 수가 없어요. / 갑자기 날씨가 따뜻해져서 겨울에 수영을 하다니 믿을 수가 없어요. ❻ 우박이 내리다니 정말이에요?
5. ❷ 기다리게 하 ❸ 하지 못하게 하세요. ❹ 쉬게 하세요. ❺ 긁지 못하게 ❻ 일어나지 않게 하세요.
6. ❷ 아버지께서 담배를 끊으시게 하세요. ❸ 아버지께서 약을 매일 드시게 하세요. ❹ 아버지께서 스트레스를 받으시지 않게 하세요. ❺ 아버지께서 매일 30분 이상 운동을 하시게 하세요. ❻ 아버지께서 규칙적으로 의사에게 진찰을 받으시게 하세요.

9과 4항

1. ❷ 사장님 ❸ ______ 씨 ❹ ______아/야 ❺ 사모님 ❻ 선생님
2. ❷ 통역을 ❸ 마중을 나가는 ❹ 귀한 ❺ 거래처 ❻ 곤란한데요.
3. ❷ 보통 두 달 전에 예약해야 한다지요? ❸ 시간이 더 걸린다지요? ❹ 문을 닫는다지요? ❺ 떡국을 먹는다지요? ❻ 세뱃돈을 받는다지요?
4. ❷ 가장 인기 있는 공연이 난타라지요? ❸ 가장 많이 탄다지요? ❹ 한국 사람들은 축구를 자주 한다지요? ❺ 가:한국 사람들은 술안주로 오징어를 많이 먹는다지요? 나:네, 그렇대요. ❻ 가:한국 사람들은 숫자 중에서 '7'을 제일 좋아한다지요? 나:네, 그렇대요.
5. ❷ 지금 주문하실 ❸ 오늘 가실, 내일 가실 ❹ 여기서 드실, 가지고 가서 드실 ❺ 손님이 쓰실, 선물하실 ❻ 파티를 집에서 하실, 음식점에서 하실
6. ❷ 언제 가실 ❸ 어느 항공사를 이용하실 ❹ 일반석으로 하실 건가요? 비즈니스 석으로 하실 건가요? ❺ 몇 분이 가실 건가요? ❻ 카드로 하실 건가요?

9과 5항

1. ❶ 거절하 ❷ 사모님이라고 ❸ 사장님과 ❹ 힘든 ❺ 부탁을 하 ❻ 부탁을 들어주 ❼ 안 된다. ❽ 불가능하 ❾ 부탁을 받았을 ❿ 거절을 당할까
2. ❶ 누르면 ❷ 뭐 ❸ 내밀면 ❹ 순서 ❺ 갑자기 ❻ 지나가는 ❼ 지방 ❽ 곤란하다. ❾ 거래처 ❿ 물러나
3. ❶ 비싸 ❷ 잘 하 ❸ 입학시험 준비를 하, 못 갔어요. ❹ 글쎄, 뭐더라. ❺ 저 ❻ 넘어지지 않 ❼ 연락도 없이 안 오, 그럴 수가 있어요? ❽ 기다리 ❾ 결혼한다지요? ❿ 입으실
4. ❶ 걸려서 ❷ 음 ❸ 다치지 않게 ❹ 화를 내다니 ❺ 못하게

듣기 연습

1. 1) ❶ 2) ❶ ○ ❷ ○ ❸ × ❹ × ❺ ○
2. 1) 영화 표를 예매해 달라고 했다. 2) ❹
3. 1) ❹ 2) ❸

읽기 연습

1. 1) ❶ 상대방에게 부담을 주는 것 같은 기분이 들기 때문이다. ❷ 내가 빚을 진 것 같은 기분이 들기 때문이다. 2) 자기가 들어준 부탁에 대해서 별로 그 대가를 바라지 않기 때문이다. 3) ❹

말하기·쓰기 연습

(생략)

제10과 어제와 오늘

10과 1항

1. ❷ 후회가 ❸ 준비를 ❹ 과거 ❺ 미래는
2. ❷ 유난히 ❸ 추억하시는 ❹ 말이 나온 김에 ❺ 관련
3. ❷ 울 ❸ 떠들 ❹ 있, 없 ❺ 졸 ❻ 화를 내
4. ❷ 자 ❸ 많 ❹ 보 ❺ 하 ❻ 나쁘, 좋아지
5. ❷ 밤 늦게까지 공원에서 인라인 스케이트를 타 ❸ 시간만 나면 기타 연습을 하 ❹ 학교에 행사가 있을 때마다 공연을 하 ❺ 시간이 날 때마다 수영장에 가 ❻ 자

6. ❷ 음악을 듣 ❸ 커피를 마시 ❹ 밖에 나가서 운동을 하 ❺ 영화를 보러 가 ❻ 숨바꼭질을 하

10과 2항

1. ❷ 향상되다 ❸ 변하다 ❹ 바뀌다 ❺ 발전하다 ❻ 늘다
2. ❷ 시간이 흐르면 ❸ 양쪽 ❹ 단층 ❺ 화려한
3. ❷ 몇 시간 ❸ 일주일 ❹ 며칠 ❺ 얼마 ❻ 이틀
4. ❷ 5년 전만 해도 ❸ 3년 전만 해도 ❹ 한 달 전만 해도 ❺ 일주일 전만 해도 ❻ 몇 시간 전만 해도
5. ❷ 쓰기 시험을 못 봤다고 ❸ 김치라고 ❹ 성장했다고 ❺ 운동을 많이 한다고 ❻ 줄었다고
6. ❷ 많지 않다고 ❸ 날마다 먹는다고 ❹ 자주 본다고 ❺ 시험을 잘 봤다고 ❻ 많이 올랐다고

10과 3항

1. ❷ 상상해 ❸ 가정하 ❹ 추측하
2. ❷ 귀국한대요. ❸ 사정이 ❹ 바랍니다. ❺ 어느새
3. ❷ 어제 파티에 갔을 거예요. ❸ 율리아 씨하고 예술의 전당에서 발레를 봤을 거예요. ❹ 하숙집 사람들하고 술을 마셨을 거예요. ❺ 리사 씨하고 시청 앞에 가서 트리도 보고 스케이트도 탔을 거예요. ❻ 진리 씨하고 크리스마스 기념 콘서트를 봤을 거예요.
4. ❷ 클럽에 가서 춤을 췄을 것이다. ❸ 옛날에 데이트하던 작은 카페에 가서 식사를 했을 것이다. ❹ 야경이 멋있는 호텔에 가서 식사를 했을 것이다. ❺ 혼자서 등산을 갔을 것이다. ❻ 집에서 만화책을 읽었을 것이다.
5. ❷ 승연 씨가 키가 컸다면 미스 코리아가 되었을 것이다. ❸ 히로시 씨 목소리가 좋았다면 지금쯤 아나운서가 되었을 것이다. ❹ 에릭 씨가 체력이 약하지 않았다면 운동선수가 되었을 것이다. ❺ 안드레이 씨가 사람들 앞에서 말을 잘 했다면 정치가가 되었을 것이다. ❻ 올가 씨가 다리를 다치지 않았다면 발레리나가 되었을 것이다.
6. ❷ 평소에 공부를 열심히 했다면 ❸ 그 선수가 다치지 않았다면 ❹ 친구가 도와주지 않았다면 성공하지 못했을 것이다. ❺ 회사를 옮기지 않았다면 월급이 줄지 않았을 것이다. ❻ 한국에 오지 않았다면 승연 씨와 결혼을 하지 못했을 것이다.

10과 4항

1. ❷ 신기록이 ❸ 신형으로 ❹ 신상품이 ❺ 신기술을
2. ❷ 판매 ❸ 가사 ❹ 드디어 ❺ 새롭다 ❻ 완벽하다
3.

비 오다	자주 하다
물 쓰다	걷다
눈 녹다	사라지다
밥 먹다	흐르다
불 보다	돈을 쓰다
춤을 추다	당연하다

❷ 물 쓰듯이 ❸ 눈 녹듯이 ❹ 춤을 추듯이 ❺ 밥 먹듯이 ❻ 불 보듯이

4. ❷ 아이를 돌보듯이 ❸ 사람마다 생긴 것이 다르듯이 ❹ 바늘 가는 데 실 가듯이 ❺ 부모가 그렇듯이 ❻ 가뭄에 콩 나듯이
5. ❷ 선풍기도 없어요. ❸ 아이들도 이 죽을 아주 좋아해요. ❹ 평일에도 시간을 내기가 힘들어요. ❺ 우리나라는 ❻ 학비는
6. ❷ 음악을 듣는 것은, 텔레비전 ❸ 호텔 예약은 물론 비행기 표를 예약할 때에도 할인을 받을 수 있어요. ❹ 아이들은 물론 어른들도 여기서 눈썰매 타는 것을 좋아해요. ❺ 국내는 물론 해외에서도 이용이 가능합니다. ❻ 아니요, 아이 돌보기는 물론 집안일까지 해 드립니다.

10과 5항

1. ❶ 늘었다. ❷ 가정하 ❸ 후회하 ❹ 향상되었다. ❺ 변했다. ❻ 예상했다. ❼ 기대하 ❽ 반성하 ❾ 회상하니까 ❿ 상상하면서
2. ❶ 드디어 ❷ 어느새 ❸ 바랍니다. ❹ 기능을 ❺ 완벽한 ❻ 판매되 ❼ 사정으로 ❽ 새로운 ❾ 흘렀지만 ❿ 양쪽
3. ❶ 자 ❷ 보 ❸ 몇 년 ❹ 완전식품이라고 ❺ 꼼꼼하다고 ❻ 받았을 ❼ 열심히 공부했다면 ❽ 밥 먹 ❾ 학생들은 ❿ 한국어는 물론 일본어도 아주 잘 해요.
4. ❶ 태우 씨는 학교에 가다가 친구를 만났다. (○)

❷ 어렸을 때는 주말마다 할머니 댁에 가곤 했어요. (○)
❸ 키가 컸다면 농구 선수가 됐을 거예요. (○)
❹ 9시가 넘었으니까 수업이 시작됐을 거예요. (○)
❺ 사과 편지를 받고 그 친구를 미워하던 마음이 눈 녹듯이 사라졌어요. (○)
❻ 그 서점에서는 책은 물론 학용품까지 살 수 있어요. (○)

듣기 연습

1. 1) ❶ 2) ❶ × ❷ ○ ❸ × ❹ × ❺ ○
2. 1) ❹ 2) ❸

읽기 연습

1. 1) ❶ ○ ❷ × ❸○ ❹ ○ 2) ❸ 2) 어린 시절에 가난 때문에 학교를 졸업하지 못한 할머니들을 초대해 기념품으로 졸업장을 만들어 줬다.
2. 1) ❷ 2) ㈎ : 우주인 운동 기구로 비만을 해결한다. ㈏ : 생각만으로 사물을 움직일 수 있게 된다. ㈐ : 남성도 출산한다.
3) ❶ ○ ❷ × ❸ × ❹ ○

말하기·쓰기 연습

(생략)

기말 복습

Ⅰ. 1. 아무리 2. 슬슬 3. 그만 4. 오히려 5. 잔뜩 6. 갑자기 7. 마침 8. 그밖에 9. 어느새 10. 유난히
Ⅱ. 1. ❶ 2. ❷ 3. ❹ 4. ❸ 5. ❹
Ⅲ. 1. ❹ 2. ❹ 3. ❸ 4. ❷ 5. ❶
Ⅳ. 1. ❷ 2. ❹ 3. ❶ 4. ❷ 5. ❹
Ⅴ. 1. 값도 싸고 해서 옷을 세 벌 샀습니다. 2. 도서관에서 책을 빌려다가 읽었습니다. 3. 그 이야기를 듣고 나서 생각이 달라졌습니다. 4. 그 아이는 울다가도 그 노래만 들으면 웃습니다. 5. 그 극장 좀 찾아가게 약도를 그려 주세요. 6. 5월에 눈이 오다니 믿을 수가 없었습니다. 7. 밤새도록 영화를 보느라고 숙제를 하지 못했습니다. 8. 같은 반 친구를 봤으면서도 인사를 하지 않았습니다. 9. 아침에 일어나지 못할까 봐 자명종을 두 개나 맞춰 놓았습니다. 10. 주말에 하는 역사 드라마는 여자들은 물론 남자들도 좋아합니다.
Ⅵ. 1. 친구 생일이라서 케이크를 만들어다가 선물로 줬다. (○)
2. 밤에 잠을 잘 못 잘까 봐 커피를 마시지 않았어요. (○)
3. 운동이 건강에 좋은 줄 알면서도 안 해요. (○)
4. 화장을 하느라고 학교에 늦었어요. (○)
5. 10년 전만 해도 여기는 사람이 살지 않는 곳이었다. (○)
Ⅶ. 1. 아픈다니요? → 아프다니요? 2. 오다니 → 온다니 3. 마신지 → 마셨는지 4. 더워라서 → 더워서 5. 쓰는 듯이 → 쓰듯이
Ⅷ. 1. 사무실로 전화를 했다. 2. 피곤하다고 한다. 3. 읽지 않는다. 4. 늦지 않 5. 모델이 되었을 것이다.
Ⅸ. ❶ 어 ❷ 먹어 버렸는데 ❸ 하고 먹지. ❹ 김밥이라도 ❺ 사다가 ❻ 재미있더라. ❼ 봤다면 ❽ 울고 말았어. ❾ 울다니 ❿ 보고 나서
Ⅹ. 1. 굉장히 크 2. 연기를 잘 하 3. 머리도 아프, 취소했어요. 4. 병원에 가 보시 5. 모두 다 100점을 받았단 6. 네, 앞으로는 조심하 7. 상담 신청서를 써서 상담 선생님께 내면 8. 일요일이라서 9. 좋 10. 많이 움직이 11. 김치를 날마다 먹는다지요? 12. 여기서 드실 13. 자, 사탕이라고 하면 벌떡 일어나요. 14. 책을 읽 15. 조금, 교실에 있었는데요.

쉼터 5 – 퀴즈

〈한국어에 대한 퀴즈〉

1) ❷ 2) ❶ 3) ❷ 4) ❶ 5) ❷

〈한국에 대한 퀴즈〉

1) 녹차 2) 귤 3) 호두 4) 닭갈비 5) 냉면

1) ❷ 2) ❷ 3) ❸ 4) ❸ 5) ❸ 6) ❶ 7) ❷ 8) ❶ 9) ❶ 10) ❷

〈수수께끼〉

❶ 눈물 ❷ 이름 ❸ 거짓말 ❹ 시험 ❺ 치과 ❻ 낮잠

❼ 무지개 ❽ 치약 ❾ 나이 ❿ 불고기

십자말풀이 II

①결	국						⑩군	대			
혼							만				
②식	③구					⑪순	두	⑭부			
	체			⑫추	천	서		뒷		㉑문	
④국	적		⑬기	억				⑮치	과	의	㉒사
	이			하		⑯변	하	다			정
	⑤다	⑩가	가	다		명					
		능				하			⑳참	기	름
	⑦상	하				⑰다	녀	⑱오	다		
		⑧다	⑨행	히				히			
			사				⑲화	려	하	다